Bill Hybels
ENTFALTE DEINEN CHARAKTER

Bill Hybels

Entfalte deinen Charakter

Ermutigende Einsichten,
die Sie heute zu einem aufrichtigen und
erfolgreichen Leben befähigen

Projektion J Verlag GmbH, Wiesbaden

Titel der Originalausgabe:
Who you are when no one's looking

© 1987 by Bill Hybels
Published by InterVarsity Press
P. O. Box 1400, Downers Grove, IL 60515

© 1993 der deutschen Ausgabe
by Projektion J Buch- und Musikverlag GmbH,
Niederwaldstraße 14, D-65187 Wiesbaden

Bibelzitate sind der Einheitsübersetzung entnommen.

ISBN 3-89490-007-5

Übersetzung: Anne Kössel
Umschlaggestaltung: Büro für Kommunikationsdesign Heidenreich, Haltern am See
Gesamtherstellung: Schönbach-Druck GmbH, Erzhausen

1 2 3 4 5 96 95 94 93

INHALT

Kapitel 1

Ist es altmodisch,
heute Charakter zu zeigen?

Charakter – das Wort kommt in der Bibel selten vor, und auch in Zeitungen und im Fernsehen begegnet man ihm nicht oft. Dennoch wissen wir, was Charakter bedeutet und merken sofort, wenn er fehlt.

Menschen, die das Wort *Charakter* nie verwenden, sehen Geschlechtsbeziehungen junger Schüler, voll ausgebuchte Abtreibungskliniken und die derzeitige Epidemie von Geschlechtskrankheiten und beklagen sich über schwindende Moral. Sie sehen, wie gewählte Politiker Bestechungsgelder annehmen, führende Geschäftsleute Schmiergelder verlangen und Investoren Insider-Informationen zu unermeßlichen Summen anbieten und beklagen, daß sie zunehmend die Integrität vermissen. Oder sie lesen von verprügelten Frauen, arbeitslosen Ehemännern und mißbrauchten Kindern und fragen sich, was dagegen unternommen wird.

Ein Weiser hat einmal gesagt: »Charakter beschreibt das, was wir tun, wenn wir unbeobachtet sind.« Charakter ist nicht gleichzusetzen mit Ansehen, also wie andere Menschen über uns denken. Er entspricht in keiner Weise dem Erfolg oder Errungenschaften. Der Charakter beschreibt nicht das, was wir erreicht haben, sondern das, wie wir *sind*. Und obwohl wir oft von tragischen Verirrungen des Charakters hören, reicht es nicht aus, nur das Fehlen von Charaktereigenschaften zu beschreiben.

Gefährdete Charaktereigenschaften

Menschen beweisen täglich auf die verschiedenste Art, daß sie einen starken Charakter haben:

- Eine Frau überwindet ihre Angst, öffentlich zu sprechen, so daß sie ihrer Kirchengemeinde von ihrer wunderbaren Gebetserhörung erzählen kann. Das ist *Mut*.
- Ein Mann verspricht feierlich, jeden Morgen zwanzig Minuten früher aufzustehen, um einmal um den Häuserblock zu joggen. Er hält sein Versprechen. Das ist *Disziplin*.
- Ein Lehrer befaßt sich geduldig mit einer unaufmerksamen Schülerin und entdeckt, daß sie eine begabte Schriftstellerin ist. Das ist *weitsichtiges Verhalten*.
- Ein Student, der von Prüfungen und Semesterarbeiten fast erdrückt wird, spielt mit dem Gedanken, das Studium abzubrechen, entscheidet sich jedoch dafür, dabeizubleiben und weiter zu studieren. Das ist *Ausdauer*.

Diese vier Eigenschaften stehen alle auf meiner Liste »gefährdete Charakterstärken«. Sie üben nicht gerade eine Faszination auf Außenstehende aus und sind auch nicht leicht umzusetzen. Deshalb versuchen viele Menschen, ohne sie auszukommen. Seltsamerweise ist die Charaktereigenschaft, die wir alle am meisten besitzen wollen, am stärksten gefährdet – die *Liebe*.

Leider verhält es sich so, daß die meisten Menschen, die sagen, sie wollten die Charaktereigenschaft *Liebe* besitzen, in Wirklichkeit nur geliebt werden wollen. Wir hoffen darauf, daß andere uns bewundern und uns Zuwendung zuteil werden lassen, und wir versuchen, dasselbe für sie zu tun. Menschen mit Charakter gehen jedoch über das warmherzige Geplänkel hinaus, zur harten Arbeit des Liebens. Sie machen dies auf viele verschiedene Arten, oft ohne zu merken, daß sie Charakterstärke zeigen:

- Eine Frau lehnt es ab, weiterhin Entschuldigungen für ihren Mann zu suchen, der wegen eines Katers nicht bei der Arbeit erscheint. Das ist *beharrliche Liebe*.
- Ein Vater bemerkt das verweinte Gesicht seiner Tochter, setzt sich zu ihr und ermutigt sie, ihm zu erzählen, was sie auf dem Herzen hat. Das ist *einfühlsame Liebe*.

- Ein Elternteil lehnt eine verlockende Beförderung ab, damit die Familie in der Stadt bleiben kann, in der sie Freunde gefunden und Wurzeln geschlagen hat. Das ist *aufopfernde Liebe*.
- Eine junge Witwe vergibt dem betrunkenen Autofahrer, dessen Auto ihren Mann erfaßt und getötet hat. Das ist *radikale Liebe*.

Liebe, so sagt der Apostel Paulus im ersten Korintherbrief Kapitel dreizehn, Vers dreizehn, sei der wichtigste Charakterzug und die wichtigste Eigenschaft; sie wird wahrscheinlich am ehesten mißverstanden. Das ist der Grund, weshalb ich ihr die zweite Hälfte dieses Buches gewidmet habe. Aber es ist sehr schwer, lieben zu lernen, wenn wir nicht auch andere Charakterstärken aufweisen: Mut, das zu tun, was getan werden muß, Disziplin, Entscheidungen zu treffen und diese dann durchzuführen, und die Weitsicht, voraus und tief in die Herzen der Menschen zu sehen. Es gehört auch die Ausdauer dazu, trotz Spott, Unbehagen oder einfach Langeweile weiterzumachen. Das ist der Grund, weshalb ich die erste Hälfte des Buches diesen grundlegenden Charaktereigenschaften gewidmet habe.

Wie entwickelt man Charakterstärke?

Manche, die das Inhaltsverzeichnis lesen, könnten versucht sein, sich einen Plan aufzustellen. »Lassen Sie mich einmal sehen«, würden sie sagen, »was Mut anbelangt, bin ich schwach, also werde ich zwei Monate darauf verwenden, daran zu arbeiten. Sechs Wochen werden wahrscheinlich für die Disziplin nötig sein, und ich bin sicher, daß ich höchstens vierzehn Tage benötige, weitsichtiges Verhalten zu erlernen. Ich lasse die Ausdauer einfach weg, so daß ich zwei Monate für jede Art der Liebe habe. Wenn ich mich an diesen Plan halte, werde ich in einem Jahr einen starken Charakter besitzen.«

Benjamin Franklin erzählt in seiner Biographie, daß er diese Vorgehensweise ausprobiert hatte, es jedoch nicht funktionierte. Sobald er sich eine gute Eigenschaft angeeignet hatte und die nächste in Angriff nahm, begann ihm die erste wieder zu entgleiten. Charakter kann nicht durch Willensstärke und Checklisten entwickelt werden. Dafür ist normalerweise äußerst harte Arbeit, einige Schmerzen und viele Lebensjahre in erfülltem Glauben erforderlich, ehe eine der Tugenden immerfort an uns wahrgenommen werden kann.

Wie dem auch sei – die Entwicklung eines Charakters muß keine unüberwindliche Aufgabe darstellen. Es gibt Geheimnisse für die Entfaltung jeder einzelnen Charaktereigenschaft, die ich in den einzelnen Kapiteln beschreiben möchte. Aber noch wichtiger ist, daß Jesus Christus – der einzige Mensch, der je in allen Tugenden beständig war – anbietet, seinen Charakter in uns zu entwickeln, wenn wir ihm folgen. Das ist ein Angebot, das wir kaum ablehnen können.

Erlösung können wir uns nicht verdienen

Bitte behalten Sie eine wichtige Tatsache im Auge, wenn Sie dieses Buch lesen. Gleichgültig, wie wunderbar Ihr Charakter auch sein mag, er wird nie wundervoll genug sein, um Gottes vollkommene Anerkennung zu verdienen. Dieses Buch beschreibt nicht, wie Sie Gott dazu bringen können, aufzuhorchen und auf Sie aufmerksam zu werden, oder wie Sie Ihre himmlische Kreditwürdigkeit verbessern können. So wichtig Charakter auch sein mag – er ist jedoch nicht der Grund dafür, daß man Erlösung verdient. Und zwar deshalb, weil Erlösung nicht verdient werden *kann* – noch nicht einmal durch Mut, Disziplin, weitsichtiges Verhalten, Ausdauer oder Liebe.

Erlösung ist ein Geschenk unseres himmlischen Vaters. Sie kostet ihn alles – den Tod seines einzigen geliebten Sohnes. Uns kostet sie nichts. Sie kann nicht durch harte Arbeit verdient werden; ebensowenig durch gutes Benehmen oder durch einen bewährten Charakter. Der einzige Weg, zu einer Beziehung zu Gott zu gelangen, besteht darin, daß wir mit ausgestreckten, offenen Armen zu Jesus Christus kommen und sagen: »Herr, ich möchte dir nachfolgen. Bitte nimm mich in deine Familie auf, reinige mich, gib mir neue Kleider und mache mich dir gleich.« Und Jesus wird genau das tun. Er wird uns so wie wir sind annehmen und uns versichern, daß wir für immer ihm gehören. Dann – zunächst langsam, aber sicher – wird er uns formen und gestalten, bis wir ihm ähnlich sind.

Ich hoffe, daß ich Ihnen zeigen kann, daß Sie die richtige Richtung eingeschlagen haben und sich auf dem besten Weg befinden, einen starken Charakter zu entwickeln, auch wenn der Pfad bescheidener ist, als Sie vielleicht erwartet haben.

Charakterstärke ist der größte Mangel unserer Zeit. Wenn alle fünf Milliarden Menschen einen starken Charakter hätten, gäbe es keine Kriege, keinen Hunger, keine zerstörten Familien, keine Verbrechen und keine Armut. Doch ehe Jesus Christus nicht zurückkommt und die Welt erneuert, werden wir nicht in solch einer vollkommenen Welt leben; wir sollten aber in der Zwischenzeit nicht verzweifeln. In dem Maße, wie unser eigener Charakter gefestigt wird, wird die Welt ein besserer Ort zu leben sein.

Fassen Sie also Mut – er erweist sich als eine gute Voraussetzung.

Kapitel 2

Mut und das Überwinden lähmender Angst

Ich muß etwas Peinliches gestehen. Ich habe mir dreimal den Film *Rocky I* angesehen. Was noch schlimmer ist: ich habe dreimal *Rocky II*, zweimal *Rocky III* und sogar *Rocky IV* gesehen. Ich muß zugeben, daß ich jedesmal Gänsehaut bekam. Nicht, weil ich denke, daß diese Filme besonders gut sind. Sie handeln lediglich von einem großen Thema – Mut.

Mut hat mich schon immer fasziniert. Als ich ein kleiner Junge war, hat mein Vater in Irland ein Segelboot gekauft und ist durch einen Wirbelsturm über den Atlantischen Ozean zurückgesegelt. Ehe er von zu Hause aufbrach, hatte er viele Bücher gesammelt, um zu erfahren, was ihn erwarten würde, und ich habe sie alle gelesen. In vielen dieser Bücher wurden Schiffsunglücke beschrieben, und in jedem kam die Situation vor, in der Leute auf dem Deck eines sinkenden Schiffes standen und überlegten, was zu tun sei, da es nicht genügend Schwimmwesten für alle gab. Es gab immer jemanden, der sagte: »Hier, nimm meine.« Immer wenn ich so etwas las, ging mein Atem schneller und mein Herz begann heftig zu schlagen.

Jedesmal, wenn ich von jemandem höre, der Mut statt Feigheit bewiesen hat, höre ich mich sagen: »So möchte ich auch sein.« Ich wünschte, ich hätte mehr Mut. Ich will nicht von Furcht geknechtet oder von Angst gelähmt werden. Ich will nicht in schwierigen Umständen nachgeben und gegen meine Überzeugung Kompromisse eingehen oder bei größeren Herausforderungen aufgeben. Ich will kein Feigling sein – ich will mutig sein. Das ist ein biblischer

Wunsch, denn im zweiten Brief an Timotheus Kapitel 1, Vers 7 sagt Paulus:

»Denn Gott hat uns nicht einen Geist der Verzagtheit gegeben, sondern den Geist der Kraft …«

Mut im Alltag

Es ist bedauerlich, daß wir immer nur dann von Mut reden, wenn jemand eine bemerkenswerte Heldentat vollbracht hat, die das Interesse der Medien auf sich zieht. Dann nämlich, wenn jemand eine alte Frau aus einem brennenden Haus trägt oder in einen zugefrorenen Teich springt, um ein Kind zu retten, das kurz vor dem Ertrinken ist. Es gibt Situationen, in denen beispielsweise manch einer riskiert, erschossen zu werden, um einen Freund in Sicherheit zu bringen. Ich mag solche Geschichten, aber sie scheinen normalerweise im Leben eines durchschnittlichen Bürgers nicht vorzukommen. Es handelt sich um dramatische, einmalige Gelegenheiten, die sich Menschen wie Sie und ich es sind anscheinend nie bieten. Aber je älter ich werde, desto mehr erkenne ich, daß es sehr viel Mut erfordert, die gewöhnlichen, alltäglichen Herausforderungen anzunehmen.

Jeden Tag treffen wir Entscheidungen, die zeigen, ob wir mutig oder feige sind. Wir wählen zwischen dem Richtigen und dem Einfachen, wir bleiben unserer Überzeugung treu oder geben der Bequemlichkeit, der Habgier oder dem krankhaften Verlangen nach Anerkennung nach. Wir treffen die Entscheidung, ob wir ein gut überlegtes Risiko auf uns nehmen oder uns in ein sicheres Schneckenhaus zurückziehen, in dem wir noch dazu geschützt unserer Passivität frönen. Wir entscheiden uns entweder dafür, an Gott zu glauben und ihm zu vertrauen, auch wenn wir nicht immer seine Wege verstehen, oder dafür, ihn zu hinterfragen und in Ecken des Zweifels und der Angst zu kauern. Derartige Entscheidungen müssen wir jeden Tag treffen. Sie fordern schnelles Handeln. Wir begegnen ihnen so regelmäßig, daß wir sogar vergessen, sie zu treffen – und manchmal bemerken wir, daß wir mit dem Strom schwimmen, anstatt gut überlegte und mutige Entscheidungen zu treffen.

Mut, auch verwundbar zu sein

Viele Menschen behaupten, daß das Christentum etwas für schwache Menschen, Feiglinge und Unselbständige sei. Mich hat dieser Vorwurf immer fasziniert, weil meiner Erfahrung nach genau das Gegenteil zutrifft. Es erfordert sehr viel Mut, ein Christ zu sein. Mein Glaube verlangt, daß ich mein Bestes gebe. In der Tat ist sogar bereits großer Mut erforderlich, um ein Christ zu werden. In der Bibel steht, daß jeder, der Christ werden möchte, dem heiligen Gott seine Sünden gestehen muß. Das erfordert Mut.

Zu Beginn jeden Semesters kündigen die Professoren an: »Zu folgendem Termin wird Ihre Semesterarbeit fällig ...« Aber man wird leicht von irgendwelchen Nebenbeschäftigungen abgelenkt, und wenn der vereinbarte Termin am folgenden Tag ist, merkt man plötzlich, daß die Arbeit nicht fertig ist. Man geht zum Professor und sagt: »Herr Professor, Sie werden es nicht glauben, was mir passiert ist. Meine Tante Ethel ist krank geworden, die Bücherei hat das Nachschlagewerk, welches ich am meisten gebraucht hätte, verloren und der Hund hat den letzten Entwurf meiner Arbeit aufgefressen, gleich nachdem ich ihn fertig getippt hatte.« Man erzählt alles, nur nicht die Wahrheit in der Hoffnung, daß der Professor gnädig ist und einen Aufschub gewährt.

Wahrscheinlich sind die wenigsten von Ihnen je zum Professor gegangen und haben gesagt: »Sie haben vor mehreren Monaten eine Aufgabe gestellt. Das war fair und ich habe diese Aufgabe deutlich verstanden. Leider habe ich zu oft Karten und zu häufig Tennis gespielt. Ich habe versäumt, das zu tun, was ich hätte tun sollen. Ich war undiszipliniert und habe es aufgeschoben. Jetzt habe ich die Arbeit nicht fertig. Es gibt dafür keine Entschuldigung; es war mein Fehler. Unternehmen Sie, was immer Sie für richtig halten.« Warum handeln wir Menschen nicht so? Weil es unangenehm ist, den wahren Grund unseres Verhaltens zuzugeben. Das erfordert Mut.

Wenn ich mit anderen über das Christentum spreche, sage ich ihnen: »Sie müssen vor Gott dem Schöpfer Buße tun. Sie müssen ihm die Wahrheit über sich sagen – daß Sie gelogen haben, Menschen verletzt und betrogen haben; daß Sie habgierig und unehrlich waren, Ihrem Ehepartner gegenüber untreu und auch egoistisch.« Wenn ich das sage, sehe ich den Schrecken in Ihren Augen. Sie wollen nicht so offen und verletzend sein. Sie rutschen auf dem Stuhl hin und her. Sie blicken auf die Uhr und überlegen sich, wie Sie dieser Situation entfliehen können.

Was geht in Ihnen vor? Eine Stimme sagt: »Das Bekennen der Sünden ist schmerzhaft und demütigend und führt dazu, daß man sich unwohl und bloßgestellt fühlt, aber es ist richtig und du mußt es tun.« Gleichzeitig sagt eine andere Stimme: »Denke nicht so viel über dich nach. Nimm's nicht so schwer. Laß dich im Strom der Masse treiben. Wische die Erinnerung an Vergangenes aus.«

Zu viele Menschen versinken in ihrer Angst und sagen: »Ich kann es einfach nicht tun. Es wäre zu peinlich und zu demütigend.« Also bringen sie lächerliche Vorwände vor wie beispielsweise: »Wer – ich, ein Sünder? Ich doch nicht! Harry ist schrecklich und Mary schlecht, aber ich habe ein ganz gutes Leben geführt. Vielleicht sind mir beim Beurteilen ein paar kleinere Fehler unterlaufen – niemand ist vollkommen –, jedoch waren es bei mir nicht so viele. Dabei handelt es sich um keine ernsten Versehen.«

Wenn ich solche Antworten höre, habe ich das starke Bedürfnis, darauf folgendes zu entgegnen: »Guter Freund, du bist feige. Du weißt genau, was du eigentlich tun solltest, aber du kneifst. Du hast nicht den Mut, Gott die Wahrheit darüber zu sagen, wer du wirklich bist. Du hast Angst vor dem Schmerz und der Bloßstellung. Du schreckst zu sehr davor zurück, das Offensichtliche zuzugeben.« Dann möchte ich noch hinzufügen: »Wenn du dich davor drückst, etwas zu bereuen, dann sag bitte nie mehr, daß das Christentum etwas für Schwächlinge ist. Offensichtlich ist es für Menschen, die mehr Mut haben als du.« Wenn es Mut erfordert, ein Christ zu *werden*, dann braucht es noch mehr Mut, ein Christ zu *sein*.

Mut, Gottes Führung zu vertrauen

Im Sommerlager machten wir immer ein Spiel, bei dem wir einem der Kinder die Augen verbanden und es durch ein bewaldetes Gebiet laufen ließen, wobei es sich auf einen Freund verlassen mußte, der ihm durch Zurufe dabei half, sich fortzubewegen. »Dreh dich nach rechts; da kommt ein Baum!« »Vor dir liegt ein Holzklotz – *spring*!« Einige der Kinder trauten den Anweisungen überhaupt nicht. Sie rieben ihre Schuhe am Boden hin und her und liefen ganz langsam – selbst dann, wenn ihre Freunde riefen, daß der Weg frei sei. Andere Kinder setzten sich langsam in Bewegung, und einige wenige liefen wie Laufburschen. Alle Kinder jedoch mußten dem Wunsch widerstehen, die Augenbinde abzunehmen, um zu sehen, was vor ihnen lag. Es erfordert viel Mut, der Führung eines anderen Menschen zu vertrauen.

Als Christen fühlen wir uns manchmal so wie diese Kinder mit der Augenbinde. Im zweiten Korintherbrief Kapitel 5, Vers 7 schreibt Paulus:

> »... denn als Glaubende gehen wir unseren Weg, nicht als Schauende.«

Wir sind jedoch nicht allein auf weiter Flur – denn Gott ebnet den Weg (vgl. Spr 3,6). Hingegen erfordert es sehr viel Mut, Jesus nachzufolgen. Oft scheint seine Führung unlogisch, irrational und ungewöhnlich. Manchmal ist er so herausfordernd, daß ich sage: »Nein, ich glaube, ich ziehe mich lieber in mein Schneckenhaus zurück und gehe auf Nummer Sicher.« Dann sagt eine innere Stimme: »Wo bleibt dein Mut, Bill Hybels? Steh auf und geh. Du kannst Gott vertrauen.«

Feiglinge bleiben nicht lange auf ihrer geistlichen Pilgerfahrt. Sie verkriechen sich und verschwinden. Es erfordert sehr viel Mut, Reue zu zeigen und Christ zu werden. Es erfordert noch weit mehr Mut, im christlichen Leben Gottes Führung zu vertrauen. Einige seiner Berufungen erfordern alles, was man nur aufbringen kann. Einige seiner Prüfungen bringen einen bis an die Grenzen, und einige seiner Abenteuer können große Angst und Zweifel in uns wecken. Wahrhaftig, geistlicher Mut steht auf der Liste für gefährdete Charaktereigenschaften.

Mut in Beziehungen

Eine andere Form von Mut befindet sich ebenfalls in Gefahr, in Vergessenheit zu geraten – *Mut in Beziehungen*. Ich werde versuchen, keine minderwertigen Antworten auf wertvolle Fragen zu geben, aber wenn Menschen mich fragen, was nötig ist, um eine bedeutungsvolle Ehe aufzubauen, sage ich: »Mut.«

Wenn sich eine Ehe gut entwickeln soll, ist Vertrauen nötig. Es erfordert außerordentlich viel Mut, zu seinem Ehepartner zu sagen: »Das bin ich. Ich bin nicht stolz darauf – in Wirklichkeit ist es mir sogar ein wenig peinlich – aber so bin ich nun einmal.« Es ist ebenfalls Mut erforderlich, dem Ehepartner in die Augen zu schauen und zu sagen: »Unsere Ehe steckt in ernsthaften Schwierigkeiten – wir müssen etwas unternehmen.« Wie verhalten sich die meisten Menschen? Sie schieben die Probleme in die hinterste Ecke und gehen ihren eigenen Weg. Während sie sich auf ihre eigene Karriere oder ihre eigene Erholung konzentrieren, zerbricht ihre Ehe, weil es ihnen an Mut fehlt. Sie haben nicht die Courage, die Sache anzupacken und zu sagen: »Laß uns für unsere Ehe kämpfen. Laß uns zu einer Eheberatungsstelle gehen. Laß uns einen Eheseelsorger aufsuchen. Laß uns mit einem anderen Ehepaar, das wir sehr schätzen, zusammenkommen. Laß uns reinen Tisch machen und die Probleme bewältigen, anstatt vor ihnen davonzulaufen.« Es erfordert Mut, der Versuchung des »Wegschauens« zu widerstehen und sich durch die vielen Arten von Masken, Vertuschungen und Verteidigungsmechanismen zu kämpfen und beständig Jahr für Jahr an einer Ehe zu arbeiten. Mut in Beziehungen bezieht sich nicht nur auf die Beziehung zwischen Mann und Frau. Es erfordert auch Mut, Kinder großzuziehen. Wie oft sehe ich Eltern, die ihre eigentlich angebrachten, erzieherischen Maßnahmen über den Haufen werfen, weil sie die Mißbilligung ihrer Kinder nicht ertragen. Die Kinder bekommen einen Wutanfall und sagen: »Ich hasse dich!«, und schon geben die Eltern nach. Wenn Sie hingegen Ihre Kinder in der Art und Weise aufziehen möchten, die Gott vorgesehen hat, dann dürfen Sie es erst gar nicht so weit kommen lassen. Zeigen Sie etwas Mut und sagen Sie: »Du kannst mich nicht einschüchtern, mein aufgebrachtes Kind. Das hier ist die richtige Aufgabe, die du tun sollst, und du wirst sie auch erledigen.«

Es erfordert ebenfalls Mut in Beziehungen, tiefe Verbindungen zu Freunden aufzubauen, sich in die Augen zu schauen und zu sagen: »Ist es nicht an der Zeit, daß wir aufhören, über das Wetter und den Börsenmarkt zu sprechen und anfangen, uns darüber zu unterhalten, was in deinem und meinem Leben geschieht? Ist es nicht Zeit, daß wir Geschwister werden?« Nur wenige Männer bringen den Mut auf, einander herauszufordern, um für das gemeinsame geistliche und zwischenmenschliche Wachstum zu kämpfen.

Aber im Laufe der Jahre habe ich gelernt, daß ich in meiner Ehe, bei meinen Kindern oder meinen Freunden niemals erfolgreich sein kann, wenn ich nicht mutig bin.

Mut bei moralischen Fragestellungen

Wir könnten über viele andere Situationen sprechen, in denen Mut wichtig wäre – Unverzagtheit im Beruf, Mut, schwierigen Situationen gegenüberzutreten, die Courage, anständig zu sein. Wieviel Unerschrockenheit muß man aufbringen, um nach ethischen Grundsätzen zu handeln? Welche Art von Beherztheit braucht man, um ehrlich zu sein? Da wir unsere Kunden nicht beleidigen wollen, sagen wir:»Die Ware wird am Montag bei Ihnen sein«, obwohl wir genau wissen, daß sie vor Mittwoch nicht das Lager verläßt. Wir möchten beispielsweise, daß die Leute glauben, wir seien ehrlich, deshalb sagen wir:»Ich gebe mein ganzes Einkommen an«, während wir in Wahrheit zu Hause eine ganze Schublade voll Gehaltsabrechnungen haben. Die Steuererklärung scheidet mutige Menschen von Feiglingen, denn das ist der Tag, an dem die Unerschrockenheit, ehrlich zu sein, unsere Brieftasche trifft.

Wieviel Tapferkeit ist erforderlich, um in einer Gesellschaft, die im Bereich der Sexualität aus den Bahnen geraten ist, sexuell makellos zu bleiben? Wieviel Courage benötige ich, um an einer Überzeugung festzuhalten, wenn jeder im Büro, in der Schule oder in der Nachbarschaft sagt:»Du bist ein hoffnungsloser Idealist, altmodisch und etwas seltsam – eigentlich bist du ein religiöser Fanatiker«?

Wie werde ich mutiger?

Aber wie wird man mutig? Entscheidet man sich für einen bestimmten Willen? Spricht man ein Gebet? Schwingt man einen Zauberstab?

Man wird mutiger, wenn man *sich mit seiner lähmenden Angst auseinandersetzt*. Manchmal glauben wir, daß couragierte Menschen ohne Angst zur Welt gekommen sind. In Wirklichkeit unterscheiden sich mutige Menschen kaum von Ihnen und mir, nur begannen sie irgendwann damit, ihren Ängsten entgegenzutreten, statt vor ihnen davonzulaufen.

Als ich klein war, erkannte mein Vater, daß ich ein ängstlicher Zeitgenosse war, und so hat er mich immer herausgefordert, Dinge zu tun, vor denen ich Angst hatte. Als ich beispielsweise in der Grundschule war, nahm er mich mit zu unserer Firma und sagte: »Geh, Billy, und fahre mit diesem Sattelschlepper.« Ich war seit einigen Jahren Traktor gefahren, aber ich schleppte mich in die Kabine dieses Zwölf-Meter-Gerätes und zitterte vor Angst. Manchmal brauchte ich vierzig Minuten, und der Lastwagen stellte sich halb quer gegen das Dock. Aber wenn ich mit zitternden Knien herauskletterte, sagte mein Vater: »Gute Arbeit.« Und das nächste Mal, als er mich beauftragte, wieder zu fahren, war es schon ein wenig einfacher.

Manchmal, wenn mein Vater und ich mit unserem Segelboot auf dem Michigansee segelten und zwischen zwei Betonpfeiler kamen, während das Boot von riesigen Wellen hin und her geworfen wurde, sagte er: »Ich muß hinuntergehen – übernimm du das Steuer.« Ich wußte genau, was er vorhatte. Er wollte abwarten, bis ich vor lauter Schrecken fast meinen Verstand verlor und in dieser Herausforderung und Anspannung lernte, mich zu beherrschen. Einmal steuerte das Boot direkt auf einen Betonpfeiler zu, um dann im nächsten Augenblick von einer Welle auf die andere Seite geworfen zu werden. Nachdem ich das Boot schließlich dort hatte, wo ich es haben wollte, kam mein Vater herauf und sagte: »Das war doch gar nicht so schlecht, oder was meinst du?« Das nächste Mal war es dann schon etwas einfacher.

Mein Vater handelte genau so, als ich das Fliegen lernte. Meigs Field ist einer der gefährlichsten Flughäfen der USA. Er liegt direkt am Seeufer im Zentrum Chicagos, ist von Wasser umgeben, und dazu kommt, daß man dort mit sehr starken Seitenwinden und Böen zu kämpfen hat. Wenn wir also geschäftlich von Kalamazoo nach Chicago flogen, ließ mich mein Vater natürlich immer in Meigs Field landen, obwohl wir viele andere Flughäfen hätten anfliegen können. Aber jedes Mal fiel es mir ein bißchen leichter.

Jede Angst, der wir ins Auge schauen und die wir überwinden, ist ein Baustein. Jeder Erfolg gibt uns neues Vertrauen. Man ge-

22

winnt mehr Zutrauen, wenn man sich seinen Ängsten stellt. Ebenso verhilft es zu mehr Mut, wenn *man sich mit guten Vorbildern umgibt.* In der Bibel steht:

> »... schlechter Umgang verdirbt gute Sitten« (1 Kor 15,33).

Wenn man viel mit angepaßten Menschen zusammen ist, wird man wahrscheinlich auch so. Leider haben wir oft Umgang mit Menschen, die vor ihren alltäglichen Problemen davonlaufen, aufgeben, Kompromisse eingehen und auf Nummer Sicher gehen. Aber wenn Sie mutiger werden wollen, dann suchen Sie sich bewußt mutige Menschen, mit denen Sie Zeit verbringen. Lesen Sie die Autobiographien mutiger Menschen, Artikel über Mut und biblische Geschichten über Moses, Daniel, Esther und Paulus, die, obwohl sie panische Angst hatten, im Glauben gefestigt und stark wurden.

Schließlich – Sie gewinnen mehr Mut, wenn *Sie ihrem Verstand einräumen, verändert zu werden.* Früher oder später werden Sie die zentrale Bedeutung für den Mut bei allen Schritten im Leben verstehen. Mut ist keine vereinzelte, freiwillige Charakterstärke. Wir kommen einfach nicht daran vorbei und können auch nicht vorgeben, daß uns diese Charaktereigenschaft nichts angeht: Mut ist eine Grundvoraussetzung für das Leben als Christ.

Er ist erforderlich, um den Weg mit Christus zu beginnen, die Hand auszustrecken und ihm zu vertrauen. Tapferkeit ist notwendig, um ein Leben im Gehorsam Christus gegenüber zu leben. Es erfordert Courage, anständig zu sein und eine tiefe Beziehung zum Ehepartner, seinen Kindern und seinen Freunden aufzubauen. Es erfordert Mut, ein Geschäft zu erweitern, das Studienfach zu wechseln oder eine neue Karriere zu beginnen. Es bedarf der Unerschrockenheit, von zu Hause wegzugehen oder nach Hause zurückzukommen.

Mut – wir alle brauchen ihn, und Gott möchte, daß wir mutig sind.

> »Denn Gott hat uns nicht einen Geist der Verzagtheit gegeben, sondern den Geist der Kraft ...« (2 Tim 1,7).

Aber wir können nicht einfach dasitzen und warten, bis Mut über uns hereinbricht. Wir müssen um ihn kämpfen.

Kapitel 3

Disziplin und Erfolg

Es scheint, als hätten manche Menschen in allem, was sie tun, Erfolg. Sie haben Erfolg im Beruf, leben in intakten Familienverhältnissen, sie beteiligen sich am kirchlichen Leben, und sie sind aktive, im Glauben wachsende Christen – selbst körperlich befinden sie sich in guter Kondition. Wenn man mit solchen Menschen näher bekannt wird und Vermutungen über ihren Erfolg anstellt, wird man erkennen, daß eine Eigenschaft fast immer eine Rolle spielt – es ist *Disziplin.*

Im Gegensatz dazu gibt es andere, denen unaufhörlich Rückschläge, Katastrophen und Pannen passieren. Wenn man näher mit ihnen in Kontakt kommt und sie sich selbst und anderen gegenüber aufrichtig sind, werden sie wahrscheinlich eine sehr zutreffende Beurteilung darüber abgeben, warum ihnen so viel Unglück widerfahren ist. Vielleicht sagen sie:»Nun, weißt du, ich habe den Dingen einfach ihren Lauf gelassen.«»Ich habe meine Aufgaben nicht mehr erledigt.«»Ich habe es versäumt, ein Ziel zu verfolgen.«»Ich habe nicht auf meine Ersparnisse achtgegeben.«»Ich konnte mich einfach nicht aufraffen.«»Ich habe meine Termine nicht eingehalten.«»Ich habe mich nicht um den Umsatz gekümmert.«»Ich habe mich selbst vernachlässigt.«»Ich habe kaum Zeit mit meiner Familie verbracht.«»Ich habe gedacht, die Probleme würden sich von selbst lösen.« Diese Liste mit den Gründen für ihr Versagen könnte noch fortgesetzt werden, aber die meisten Gründe lassen sich mit einem deutlich sichtbaren Mangel an *Disziplin* erklären.

Disziplin ist eine der wichtigsten Charakterstärken, die ein Mensch haben kann. Sie spielt in jedem Lebensbereich eine Schlüsselrolle. Wie viele äußerst disziplinierte Menschen jedoch kennen Sie? Fallen Ihnen spontan fünf Menschen ein, die all ihre Lebensbereiche wirklich geordnet haben? Sind Sie diszipliniert? Gott hat mir Hunderte von Bekannten geschenkt, aber nur ein Bruchteil von ihnen zeigt in hohem Maße Disziplin. Nicht, daß sie nicht diszipliniert sein wollten – das möchten sie schon. Aber ich fürchte, daß Disziplin eine sehr gefährdete Charaktereigenschaft ist.

In mehreren Umfragen habe ich von Menschen wissen wollen, welche Charaktereigenschaft sie bei sich gerne stärker ausgeprägt sehen würden; normalerweise ist die am häufigsten genannte Eigenschaft Disziplin. Aber es besteht eine große Unsicherheit darüber, was damit tatsächlich gemeint ist und wie man diese wunderbare Eigenschaft umsetzen kann. Die meisten Menschen wissen nicht, wie sie ein größeres Maß an Disziplin erreichen und sie im Alltag verwirklichen können.

Worum handelt es sich also bei dieser Eigenschaft, die wir nicht verstehen, die wir jedoch begehren? Ich kann Ihnen in zwei Worten Disziplin definieren und damit das Wesentliche enthüllen – ihren eigentlichen Kern. Diese zwei Worte sind sehr einprägsam – man kann sie sich immer wieder ins Gedächtnis rufen und sie in ein Gespräch mit einfließen lassen. Bei der Disziplin handelt es sich um eine *aufgeschobene Freude*.

Zuerst die schlechte Nachricht

Scott Peck beschreibt in seinem Buch *The Road Less Traveled*: »Die aufgeschobene Freude stellt einen Prozeß dar, den Schmerz und die Freuden des Lebens in solch einer bestimmten Reihenfolge festzusetzen, daß die Freuden dadurch gesteigert werden, indem man dem Schmerz zunächst begegnet und ihn dann überwindet.« Er fügt hinzu: »Es ist der einzige anständige Weg zu leben.« Dem kann ich nur zustimmen.

Haben Sie je beobachtet, wie ein gutgebauter, blühend aussehender, disziplinierter Junge ein Stück Kuchen ißt? Er schneidet sorgfältig den Belag ab und ißt zuerst den Tortenboden. Wenn er damit fertig ist, werden seine Augen etwas größer und er stürzt sich auf den Belag. Für ein Kind ist dies der einzig wahre Weg, Kuchen zu essen. Was das anbetrifft – haben Sie je beobachtet, wie ein Erwachsener Fürst-Pückler-Eis ißt? Normalerweise wird zuerst das Vanilleeis, dann das Erdbeereis und zuletzt das Schokoladeneis gegessen. Geübte Kuchen- und Eisgenießer wissen, wie sie ihre Zufriedenheit steigern können, wenn sie das Prinzip der aufgeschobenen Freude anwenden.

Es ist meistens ein jahrelanges Vorleben der Eltern notwendig, ehe die Mehrzahl der Kinder dieses Prinzip anzuwenden lernt. Hingegen erkennen am Ende die Kinder, die ihrer Entwicklung gemäß reifen, daß sie das Abendessen oder Unternehmungen nach dem Abendessen nicht genießen können, wenn noch Hausaufgaben anstehen oder wenn sie wissen, daß der Hund noch gebadet werden muß. Das ist der Grund, warum sehr disziplinierte Schüler ihre zu erledigende Hausaufgaben nach der Schule so bald wie möglich in Angriff nehmen. Wenn sie diese Pflichten einmal erledigt haben, dann können sie den Rest des Tages genießen.

Wenn junge Menschen in die Berufswelt eintreten, werden sie selbstverständlich und notwendigerweise nicht sogleich im Sessel des Direktors Platz nehmen. Zunächst machen sie freiwillig Überstunden, nehmen weniger Urlaub, erledigen auch einmal eintönige Aufgaben und arbeiten bei sehr geringem Lohn. Sie wissen, daß sich das Durchhalten eines Berufsanfängers auch in beschwerlichen und unangenehmen Situationen am Ende in Form von flexiblerer Arbeitszeit, höherem Gehalt, längerem Urlaub, mehr Verantwortung und interessanten Aufgaben bezahlt macht. Sie praktizieren aufgeschobene Freude: sie planen bewußt ihre manchmal schmerzvolle Zeit zu Anfang und vertrauen darauf, daß eine viel freudvollere Zeit nachfolgen wird. Dieses Prinzip, das sich sehr gut auf die Arbeitswelt anwenden läßt, funktioniert auch in anderen Bereichen.

Aufgeschobene Freude ist beispielsweise im geistlichen Leben von Bedeutung. Als Pastor habe ich andere Menschen oft sagen hören: »Ich habe im Laufe der Jahre etwas gelernt. Wenn ich die Disziplin aufbringe, früh morgens zehn oder fünfzehn Minuten an einem ruhigen Ort zu verbringen, um die richtige Perspektive für meinen Weg mit Gott zu bekommen, wird der ganze restliche Tag viel erfüllender sein. Dazu gehört für mich, ein paar Dinge aufzuschreiben, in der Bibel zu lesen, ein Tonband anzuhören und zu beten.« Achten Sie gut auf das, was diese Menschen sagen. Wenn ich mich aus dem Bett winde, obwohl es im ganzen Haus kalt ist, und meine Zeit und Energie für etwas Wertvolles einsetze, dann wird der übrige Tag besser werden. Dies bedeutet aufgeschobene Freude auf dem geistlichen Weg.

Disziplin in der Familie

Disziplin gehört auch zum Familienleben. Ehepaare, die sehr früh den Wert von Disziplin erkennen, beginnen ihre Ehe mit folgender Einstellung:»Laß uns gleich zu Beginn an unserer Ehe arbeiten. Stellen wir uns den Konflikten, sobald sie auftauchen. Lassen wir den Dingen nicht ihren Lauf. Wir sollten das unternehmen, was nötig ist, um unsere Ehe zu beiderseitig erfülltem Leben zu führen, gleichgültig, wieviel wir dafür tun müssen.« Das kann harte Arbeit bedeuten, und manchmal kann es unbequem oder sogar schmerzvoll werden, aber es bringt wunderbare Ergebnisse: Erfüllung und Zufriedenheit für die zukünftige gemeinsame Zeit.

Manchmal treffen sich meine Frau Lynne und ich mit Ehepaaren, die gerade eine schwere Zeit durchmachen. Nachdem wir uns mit ihnen unterhalten haben, stellen wir oft fest, daß sie, obwohl sie doppelt so lange verheiratet sind wie wir, sich mit Dingen auseinandersetzen, um die wir uns während der ersten zwei oder drei Jahre unserer Ehe gekümmert haben. Wenn Probleme zwischen ihnen entstanden oder ans Licht kamen, waren sie nicht bereit, sich ihnen zu stellen. Es war ihnen zu unbequem, deshalb verhielten sie sich so, als wäre alles in Ordnung. Sie zogen es vor, den Dingen ihren Lauf zu lassen, anstatt das gegenwärtige Unbehagen auszuhalten und die Konflikte auszutragen, um den Blick frei in eine glückliche Zukunft richten zu können. Die Folge ihres Disziplinmangels war natürlich ein wachsendes Unbehagen, das schließlich unerträglich wurde. Sie hätten besser daran getan, wenn sie gesagt hätten:»Laß uns jetzt den Schmerz ertragen, so daß wir eine längere Zeit der Freude vor uns haben.«

Die bewußt hinausgezögerte Freude spielt auch bei der Erziehung von Kindern eine große Rolle. Viele Eltern sind nicht bereit, die Opfer zu bringen, die notwendig sind, um den größten Nöten ihrer Kinder zu begegnen. Eine Beförderung, eine Fernsehshow oder ein Nickerchen auf dem Sofa mögen vielleicht viel verlockender erscheinen, als mit einem dreijährigen Kind Kaufladen zu spielen. Es ist gar keine Frage, daß es schwer ist, mit ganzem Herzen und regelmäßig für Kinder da zu sein, um ihnen ein gesundes Aufwachsen zu ermöglichen. Aber für gewöhnlich entwickeln Kinder einen starken Charakter, wenn wir in den frühen und den am ehesten beeinflußbaren Jahren des Kindes hart arbeiten. Eltern, die sich diszipliniert darauf konzentrieren, ihre Kinder so zu erziehen und dabei Gott vertrauen, daß er ihnen die Kraft gibt, durchzuhalten, genießen wahrscheinlich das Ergebnis eines Lebens, das von einer stabilen Beziehung zu ihren Kindern geprägt ist.

Ohne Fleiß kein Preis

Eine gute körperliche Verfassung ist ohne Disziplin und eine Freude, die wir abwarten können, nicht möglich. Wir entscheiden uns bewußt dafür, auf bestimmte kulinarische Genüsse zu verzichten. Es geschieht deshalb, weil wir angenehm überrascht sein wollen, wenn wir uns auf die Waage stellen. Die hinausgezögerte Freude lohnt sich, wenn wir uns in unserer neuen Jeans im großen Wandspiegel betrachten. Wenn wir im Fitneßclub trainieren, fragen wir uns: »Warum tun wir das?« Wir treiben deswegen Sport, damit wir, wenn wir es hinter uns gebracht haben, die spürbare Erleichterung und Freude erfahren, die die geleistete Anstrengung eben nach sich zieht. Es steckt ein Körnchen Wahrheit in folgendem Satz: Wenn man fünfundvierzig Minuten oder eine Stunde lang Schmerzen in Kauf nimmt, fühlt man sich danach besser. Die Spannung der Muskeln ist gut. Man fühlt sich frisch und genießt das Wohlbefinden, welches den ganzen Tag bis in die Nacht hinein anhält.

Beim Umgang mit Finanzen ist es genau dasselbe. Wenn es ein Gebiet gibt, bei dem das Prinzip der aufgeschobenen Freude gelebt werden muß, dann ist es dieses. Es ist schmerzhaft und bisweilen bitter, wenn man sich ganz klar gegen einen Kauf einer ersehnten Sache entscheidet.

Disziplin ist also nicht schwer zu verstehen, wenn man an die zwei Worte denkt – *aufgeschobene Freude*. Aber Disziplin verstehen und ein diszipliniertes Leben führen, sind zwei verschiedene

Dinge. Der Schlüssel, wie Disziplin umgesetzt werden kann, läßt sich in drei Worten beschreiben – *langfristige Entscheidungen treffen*. Darauf möchte ich nun genauer eingehen.

Langfristige Entscheidungen treffen

Wenn Sie einmal zu der Überzeugung gekommen sind, daß der einzig wahre Weg der ist, zuerst Unangenehmes und große Herausforderungen zu planen, um dann Vergnügen, Lohn und das Ergebnis zu genießen, dann müssen Sie einen wichtigen Schritt unternehmen. Sie müssen langfristige und konkrete Entscheidungen treffen, *wie* Sie in den verschiedenen Lebensbereichen Disziplin in die Tat umsetzen können.

Körperliche Gesundheit beispielsweise ist ein Bereich, der mir sehr wichtig ist. Ich komme aus einer Familie, die sowohl väterlicherseits als auch mütterlicherseits unter chronischen Herzbeschwerden leidet. Zwei Brüder meines Vaters und zwei Brüder meiner Mutter erlitten einen Herzanfall und starben, noch ehe sie fünfzig Jahre alt geworden sind, und mein Vater starb mit dreiundfünfzig Jahren. Selbst ich bekam mit fünfzehn Jahren erste gesundheitliche Probleme. Für mich kommt es deshalb nicht in Frage, mit meiner Gesundheit zu spielen. Ich weiß, daß ich etwas für sie tun muß.

Ich weiß ganz einfach, daß ich die Qual des Laufens und des Gewichthebens aushalten muß, ehe ich mich mit Freude gut und gesünder fühlen kann. So *verstehe* ich Disziplin. Aber allein dies zu verstehen, reicht nicht aus, meine Gesundheit zu verbessern; ich muß die Einsicht in die Tat umsetzen. Ich *mache Ernst* mit der Disziplin, wenn ich im voraus die Entscheidung treffe, von Montag bis Freitag das Büro um fünfzehn Uhr dreißig zu verlassen, um im Fitneßclub zu trainieren.

Diese Entscheidung habe ich vor mehreren Jahren getroffen, und regelmäßig trage ich jenen Termin in meinen Kalender ein. Noch immer signalisiert mir täglich mein träger Körper gegen fünfzehn Uhr fünfzehn: »Du wirst heute nicht trainieren gehen. Du empfindest an verschiedenen Stellen Schmerzen und bist im übrigen erschöpft. Du bist doch mit deiner Arbeit unheimlich beschäftigt. So wirst du doch nicht tatsächlich gehen wollen?« Zu einem großen Prozentsatz will ich mich tatsächlich lieber nicht zum Training auf den Weg machen, also lasse ich mich auf diese kleine Diskussion ein.

»Na ja, ich sollte wohl gehen.«

»Ach, du kannst doch hier und da mal einen Tag ausfallen lassen. Schließlich willst du doch kein Fanatiker werden.«

So verläuft die Diskussion. Wenn ich jeden Tag um fünfzehn Uhr dreißig erst die Entscheidung treffen würde, ob ich gehen sollte oder nicht, würde ich mich wahrscheinlich in den seltensten Fällen bei den sportlichen Veranstaltungen blicken lassen. Gegenüber den aufkommenden Gefühlen und Stimmen würde ich wahrscheinlich meistens klein beigeben. Aber ich treffe langfristige Entscheidungen. Weil ich bereits entschieden habe, in den Fitneßclub zu gehen, ignoriere ich die Gegenargumente, ungeachtet ihrer Überzeugungskraft.

»Tut mir leid«, sage ich dann zu meinem Körper, »ich würde gerne auf dich hören, aber ich kann nichts daran ändern. Die Entscheidung steht fest. Der Termin ist in meinem Kalender eingetragen. Du kannst mich nicht umstimmen. Es ist bereits von mir beschlossen worden.« Vielleicht seufzt der unwillige Teil von mir, aber man höre und staune: er kommt mit hinein in den Fitneßraum.

Eine langfristige Entscheidung zu treffen, stellt eine wirksame Art und Weise dar, das Einüben von Disziplin im Alltag zu verwirklichen.

Die Finanzen klären

Langfristige Entscheidungen spielen beim Umgang mit Geld ebenso eine Rolle wie bei der Erhaltung körperlicher Gesundheit. Lynne und ich stellen am Anfang eines jeden Jahres einen Haushaltsplan auf. Wir beten, heißen ihn gut und halten ihn schriftlich fest. Dann geloben wir feierlich, uns an unseren Haushaltsplan zu halten, komme was wolle. Das heißt, wir haben damit eine langfristige Entscheidung getroffen. Und was passiert, wenn der Zahltag kommt?

»Ich habe eine wunderschöne Lampe gesehen. Es steht unser Name darauf. Und sie ist zu verkaufen.« Wir lächeln uns gegenseitig an. »Sie würde vortrefflich auf unseren kleinen Tisch passen und das Zimmer so viel heller machen. Wir *brauchen* sie wirklich.« Ohne langfristige Entscheidung bezüglich des erstellten Haushaltsplans würden wir wahrscheinlich sofort loslaufen und diese Lampe kaufen. Aber weil wir beide versprochen haben, uns an diesen Plan zu halten, überprüfen wir unsere Finanzen und fragen:»Können wir sie uns leisten oder nicht?« Wenn nicht, dann ist es schade; die Entscheidung ist schon gefallen. Weder kämpfen wir darum, noch versuchen wir einen Rückzug. Wir beherzigen die Vereinbarung.

Persönliche Beziehungen

In einem Bereich ist es besonders wichtig, langfristige Entscheidungen zu treffen: in Beziehungen. Traurigerweise findet diese Hilfe in bezug auf eine klare und erstrebenswerte Lebensführung bei menschlichen Bindungen kaum Anwendung. Wenn ein Mann und seine Frau sich beispielsweise weiterhin für ihre Beziehung einsetzen und in ihr zur Reife gelangen möchten, dann brauchen sie mindestens einen Abend in der Woche, an dem sie füreinander Zeit haben. Lynne und ich nennen ihn *Rendezvous-Abend.* Seit einigen Jahren ermutige ich die verheirateten Paare unserer Gemeinde dazu, sich wöchentlich Zeit füreinander zu nehmen. Fast jeder stimmt mit mir darin überein, daß dieser Abend sinnvoll und sogar unentbehrlich sei. Nur wenige Paare jedoch nehmen sich tatsächlich regelmäßig Zeit füreinander. Ich bin davon überzeugt, daß die Paare, die dies über Monate hinweg praktizieren, die Entscheidung langfristig getroffen haben. Sie haben einen festen Termin, und zu einer bestimmten Zeit kommt der Babysitter, damit sie den Termin einhalten können. Es ist alles vorbereitet worden; wenn also die Zeit gekommen ist, halten sie sich daran.

Am wichtigsten ist das Treffen langfristiger Entscheidungen in unserer Beziehung zu Gott. Wir wissen, daß wir weder durch harte Arbeit, eine besonders intelligente Zeiteinteilung oder Disziplin erlöst sind – einzig durch das Geschenk seiner Gnade. Unser geistliches Leben ist ebenso eine Gabe Gottes, wie uns das physische Leben ohne jegliche Anstrengung zuteil wurde. Aber wenn wir nicht diszipliniert leben, werden wir geistlich keine Reife erlangen. Ein gleiches Ergebnis wäre für die Physis zu erwarten, wenn wir uns weigerten zu essen, zu schlafen und uns zu bewegen.

Sollten Sie Interesse daran haben, Ihr geistliches Potential aus-zuschöpfen, müssen Sie unbedingt beginnen, in Ihrem geistlichen Leben langfristige Entscheidungen zu treffen. Ich habe erkannt, daß drei Dinge für mich notwendig sind, wenn mein geistliches Le-ben Früchte bringen soll. Erstens, die regelmäßige Teilnahme an einem Lobpreisgottesdienst in unserer Gemeinde ist unerläßlich. Zweitens benötige ich täglich eine persönliche Zeit mit Gott. Und drittens ist die Gemeinschaft mit anderen Gläubigen im Gottes-dienst erforderlich.

Wenn ich mich nicht aktiv um diese drei Dinge bemühe, werde ich müde. Ich fühle mich geistlich frustriert, und es scheint, als würde Gott mich nicht einsetzen. Früher oder später versteht jeder wahre Gläubige, was nötig ist, um als Christ zur Reife zu gelan-gen; es handelt sich um tägliche oder wöchentliche Mindestanfor-derungen eines geistlich gesunden Lebens. Und hier kommt Diszi-plin ins Spiel.

Wenn Sie feststellen, was bei Ihnen regelmäßig unternommen werden muß, um in Christus immer mehr eine Heimat zu finden, ist es Zeit, einige langfristige Entscheidungen zu treffen. Wenn Sie aktives Mitglied der christlichen Gemeinde sein müssen und den Herrn loben und preisen, um geistlich zu einer Reife zu gelangen, dann treffen Sie die langfristige Entscheidung, anwesend zu sein – und gehen Sie hin! Sagen Sie: »Gut, ich *werde* dabei sein, wenn sich die Gemeinschaft der Gläubigen versammelt. Ich *werde* jeden Sonntagmorgen in die Kirche gehen.« Warten Sie nicht bis Sams-tagabend, wenn Sie spät nach Hause kommen, um sich dann zu fragen: »Ist mir danach zumute, den Wecker zu stellen?« Fragen Sie nicht: »Wer predigt? Über welches Thema?« Richten Sie sich nicht nach dem Wetter. Gehen Sie, weil Sie bereits entschieden ha-ben, daß Sie gehen.

Ebenso ist es, wenn Sie täglich persönliche Zeit mit dem Herrn benötigen. Nehmen Sie sich die Zeit, schreiben Sie es sich in Ihren Kalender und halten Sie die zugesagte Zeit ein. Vielleicht haben Sie Ihre Zeit des Gebets, wenn Sie morgens aufstehen, wenn Sie im Büro ankommen, während Ihrer Mittagszeit oder bevor Sie ins Bett gehen. Vielleicht lesen Sie in der Bibel oder beten, schreiben in Ihr Tagebuch oder hören sich eine Kassette an – alles kann Sie auf Ihrem Weg mit dem Herrn stärken. Teilen Sie sich Ihre Zeit und die Aktivitäten ein, gleichgültig, welche Ihnen am meisten zusagen, aber überlassen Sie Ihre Zeit mit dem Herrn nicht dem Zufall. Treffen Sie auch hier eine langfristige Entscheidung, Ihre tägliche Verabredung mit ihm einzuhalten, und zwar unbedingt.

Disziplin aufrechterhalten

Wenn Sie in Ihrem geistlichen Leben an einen Punkt kommen, an dem Sie sagen:»Ich möchte mir die Macht der Disziplin zunutze machen und den Mindestanforderungen Genüge tun«, sagen Sie in Wirklichkeit:»Ich bin bereit, alles zu erfüllen, ungeachtet der Tatsache, was es mich kostet. Ich habe mich innerlich zunächst darauf eingestellt, die Beschwerden und den Schmerz des persönlichen Einsatzes auf mich zu nehmen, so daß ich den Rest meines Lebens den Segen, als Christ stark zu werden, erfahren kann«. Sie treffen eine langfristige Entscheidung, auf die Freude so lange wie nötig zu warten, um das zu erreichen, wonach Sie sich am meisten sehnen. Das ist Disziplin.

Das Wesentliche der Disziplin ist also die bewußt hinausgezögerte Freude, und der Schlüssel, um die Disziplin umzusetzen, besteht darin, langfristige Entscheidungen zu treffen. Vielleicht wenden nun einige von Ihnen ein:»Das schaffe ich nicht alleine.« Sie vertrauen fest dem Prinzip, nach dem an erster Stelle der Verzicht steht – dann erst die langersehnte Freude, doch klappt es bei Ihnen nicht. Sie haben des öfteren versucht, langfristige Entscheidungen zu treffen, aber Ihre Anstrengungen reichen nicht aus. Irgendwie schmelzen Ihre Vorsätze unter dem Einfluß der Versuchung oder der angenehmen Wärme der Faulheit dahin.

Es gibt gute Neuigkeiten – Gott erwartet nicht, daß Sie es alleine schaffen. Er weiß, daß Sie Geschwister brauchen, die Sie begleiten. Dies ist ein Grund, warum Christen als Gemeinde und nicht nur als Einzelpersonen zu Gott kommen. Wenn Sie Hilfe brauchen, um an Ihren Entscheidungen festzuhalten, beanspruchen Sie die Macht des *Rechenschaftsberichts*. Bitten Sie zwei oder drei Freunde darum, Sie für Ihre Entscheidungen verantwortlich zu machen. Erzählen Sie ihnen:»Ich habe diese langfristige Entscheidungen getroffen, weil ich wirklich ein Ergebnis sehen möchte. Bitte erinnert mich daran.« Dies gibt der Disziplin enormen Aufschwung. Außerdem besagt Gott in seinem Wort, daß der Heilige Geist hilft, die Selbstbeherrschung zu verwirklichen (Gal 5,23). Auf diese Hilfe können Sie sich verlassen.

Was bleibt mir dabei?

Die errungene Disziplin ohne jegliche Belohnung – das würde am Ende zu hart sein. Glücklicherweise sind die Ergebnisse eines disziplinierten Lebens gewaltig. Mike Singletary, der Stürmer der *Chicago Bears,* ist ein Mitglied meiner Gemeinde. Ich war bei ihm zu Hause und habe die beeindruckende Sammlung von Trainingsausrüstungen gesehen, die er in seinem Keller aufgestapelt hat. »Mike«, sagte ich, »die Bears haben eine Trainingsausrüstung im Wert von vielen tausend Dollar in Halas Hall. Warum sammelst du sie in deinem Keller?«

»Ich möchte unabhängig sein«, erzählte mir Mike. »Ich bin bereit, jeden Preis zu zahlen, denn wenn die Zeit kommt zu spielen, möchte ich einsatzbereit sein.« Das ist der Grund, warum Mike nach einem ganzen Trainingstag oft nach Hause kommt, in seinen Keller geht und weitertrainiert. Was hat er davon? Er kann Profifußball spielen; er kann den Super Bowl spielen; er kann über die Dauer von drei Spielzeiten ein absoluter Sportprofi genannt werden.

Die Selbstbeherrschung wird – ungeachtet in welchem Lebensbereich sie praktiziert wird – positive Ergebnisse erzielen. Die Belohnung für geistliche Disziplin ist ein gefestigtes Leben als Christ mit folgenden Merkmalen: Reife, Eignung, Erfüllung und Zufriedenheit. Die Folge für eine praktizierte Disziplin in Beziehungen ist eine blühende Ehe und ein glückliches Familienleben, eingebunden in einem Kreis wunderbar geführter Beziehungen. Der Gewinn für die Disziplin der physischen Konstitution ist ein gesunder Körper, gesteigerte Energie und Widerstandsfähigkeit gegenüber Krankheiten. Außerdem niedrigere Versicherungsbeiträge, höhere Konzentrationsfähigkeit und ein gesteigertes Selbstwertgefühl. Der Erfolg von Disziplin im Bereich der Finanzen besteht in der Freiheit von Schulden und der spürbaren Zufriedenheit darüber, daß der Notgroschen beträchtlich zunimmt.

Der Lohn der Disziplin ist groß, jedoch selten unmittelbar. Wenn die Welt nach sofortigem Vergnügen und schnellen Lösungen schreit, ist es schwierig, demgegenüber einen disziplinierten Weg einzuschlagen. Aber Sie werden nie eine Beziehung zu Gott, eine Ehe, eine Kondition oder ein Vermögen aufbauen können, wenn Sie sich an das Gesetz unserer Gesellschaft halten, die unmittelbare Ergebnisse und vergnügte Stunden fordert. Eines Tages wird es sich bezahlt machen, wenn Sie jetzt den Schmerz aushalten und hart arbeiten.

Hinausgezögerte Freude. Langfristige Entscheidungen. Verantwortlichkeit. Diese fünf Worte definieren Disziplin und erklären, wie man sie erreichen kann. Der Lohn eines disziplinierten Lebens ist gewaltig, und Sie können ihn bekommen, wenn Sie bereit sind, die Anstrengungen auf sich zu nehmen. In welchem Lebensbereich haben Sie Disziplin am meisten nötig? Wann werden Sie den ersten Schritt machen?

Kapitel 4

Weitsichtiges Verhalten –
über Vordergründiges
hinaussehen

Es gibt eine Geschichte von zwei Gefangenen, die in einer Zelle leben. Dort dringt kein Licht ein bis auf wenige Lichtstrahlen, die durch ein kleines Fenster fallen, welches sich fast ein Meter über Augenhöhe befindet. Natürlich haben beide Gefangenen sehr lange auf diese kleine Öffnung geschaut. Einer von ihnen sah die Gitterstäbe – offensichtlich häßliche, stählerne Zeugen des Alltags in einem Gefängnis. Von Tag zu Tag wurde er zunehmend entmutigt, verbittert, zornig und hoffnungslos. Der andere Gefangene dagegen schaute durch das Fenster auf die Sterne, die dahinterlagen. Als er begann, an die Möglichkeit zu denken, wieder in Freiheit zu leben, stieg Hoffnung in ihm auf.

Die Gefangenen sahen auf dasselbe Fenster, aber einer blickte auf die Gitterstäbe, während der andere seinen Blick auf die Sterne richtete. Und ihre verschiedenartige Sichtweise bewirkte einen riesigen Unterschied in ihrem Leben.

Ein Geschäftsführer erzählte mir, daß es seiner Meinung nach einen Mangel an Menschen gäbe, die an der Börse vorausschauend handeln. »Heutzutage gibt es in der Wirtschaft viele Leute, denen es an Weitblick fehlt«, sagte er. »Menschen, die genau das machen, was man ihnen sagt, und zwar in genau der Art und Weise, wie man es von ihnen verlangt – nicht mehr und nicht weniger. Es gibt viele Maschinen, aber nur sehr wenige Menschen mit eigenen Vorstellungen. Wir haben Menschen mit Vorstellungskraft nötig, eben solche, die sich auch außerhalb der regulären Arbeitszeit Gedanken machen und Mittel und Wege finden, Verbesserungen mit einzubringen oder die Effektivität zu steigern.«

Ein Leiter einer Kirche hatte mich einst angerufen, ob ich einen Pastor wüßte, der seine Gemeinde leiten könne. Er machte mir deutlich, daß er niemanden wolle, der einfach in die Gemeinde käme, um den Status quo beizubehalten. »Wir suchen einen Pastor, der vorausschauen kann«, sagte er.

Vor nicht allzulanger Zeit erzählte mir eine alleinstehende Frau, daß sie dafür bete, daß Gott sie zu einem Mann führen möge, der – nach ihren Worten – »wirklich weiß, was er will, bereit ist, Risiken auf sich zu nehmen und der mir ein Rätsel bleibt.« Anders ausgedrückt, wollte sie, daß Gott ihr einen Mann sucht, der die Fähigkeit hatte, vorausschauend zu sein. »Aber«, sagte sie traurig, »ich glaube nicht, daß es noch viele solcher Menschen gibt.« Ich hätte ihr gerne gesagt, sie sei zu pessimistisch, aber das vermochte ich nicht. Es gibt viele Menschen ohne Perspektive, die genau das tun, was man ihnen sagt, und es gibt viele Menschen, die viel dafür tun, den Status quo aufrechtzuerhalten. Aber es gibt nicht mehr viele, die sich eigenständig einsetzen – mit ihrer Fähigkeit, vorauszuschauen.

Weshalb gibt es so wenig visionäre Menschen?

Das weitsichtige Verhalten im Leben steht, wie Mut und Disziplin, auf meiner Liste für gefährdete Charaktereigenschaften. Der Grund ist einfach: Es ist zu anstrengend, ein visionärer Mensch zu sein. Es ist viel einfacher, nur mit dem Strom zu schwimmen und das zu tun, was von einem erwartet wird. Es erfordert Mut, von den herkömmlichen Gedankenmustern abzurücken. Es erfordert Selbstvertrauen und Courage, mit einer neuen Idee oder einem unerwarteten Alleingang einen Fehlschlag zu riskieren. Visionäre Menschen neigen dazu, häufig zu versagen, ehe sie Erfolg haben. Außerdem fühlen sich die meisten Menschen zu schwach, Risiken auf sich zu nehmen. Sie ziehen es vor, sicher und geschützt zu bleiben.

Es erfordert auch sehr harte Arbeit, ein Mensch mit eigener Perspektive zu sein. Hier ist Disziplin gefragt, sich mit Papier und

Bleistift hinzusetzen und nicht eher den Schreibtisch zu verlassen, bis man fünf Möglichkeiten gefunden hat, etwas zu unternehmen. Oder beispielsweise drei neue Wege aufgezeigt hat, etwas zu verbessern, oder zwei neue Entscheidungen getroffen hat, wie man etwas retten kann, das in Gefahr schwebt, für immer zu verschwinden. Es erfordert Ausdauer, niederzuknien und auszuharren, bis Gott auf übernatürliche Weise einen neuen Gedanken zündet. Es erfordert harte Arbeit, vorauszusehen, was in sechs Monaten, einem, drei oder fünf Jahren bei der Arbeit, in der Familie, der Ehe oder dem geistlichen Amt passieren könnte. Wahrscheinlich trifft es ohnehin nicht ein – weshalb dann träumen? Es ist viel einfacher, die Gitterstäbe statt der Sterne zu sehen.

Viele von uns glauben, daß Träume oder große Pläne, Erfindungen und kreative Durchbrüche allein Schriftstellern, Physikern, Komponisten und Künstlern vorbehalten seien. Sie seien nichts für den Durchschnittsbürger, der keine gewöhnliche Begabung aufweist, aus keiner namhaften Familie stammt und ohne besondere Freundschaften sein Dasein fristet. Aber ich glaube, daß Gott mit dieser Einstellung nicht übereinstimmt. Er würde ihnen vermutlich sagen, daß die weitsichtige Lebensführung, wie Mut und Disziplin, ein Charakterzug darstellt, der in jedem von uns angeregt und entwickelt werden kann. Vorausgesetzt, daß wir bereit sind zu verstehen, was dies bedeutet, und hart daran arbeiten, bis Mut und Disziplin ein Teil unseres Alltags werden. Jeder kann sich entscheiden, ob er die Gitterstäbe oder die Sterne anblicken will. Genau genommen trifft jeder Mensch die Entscheidung mehrmals am Tag.

Lösungen sehen

Man kann weitsichtige Lebensführung auf verschiedene Art und Weise definieren; ich gebe drei Definitionen an, die drei Aspekte dieser wichtigen Charaktereigenschaft beschreiben. Erstens handelt es sich bei der vorausschauenden Lebensweise um die von Gott gegebene Fähigkeit, mögliche Lösungen für die Alltagsprobleme zu erkennen. In die Zukunft schauende Menschen suchen nach Lösungen, nicht nach Problemen. Es besteht ein großer Unterschied zwischen diesen beiden Ausgangspositionen.

Im Lukasevangelium Kapitel sechzehn, erzählt Jesus in den ersten neun Versen ein Gleichnis, das so ungewöhnlich ist, daß viele Gelehrte vorziehen würden, umzublättern und weiterzulesen, anstatt es zu verstehen. Es ist das Gleichnis vom klugen Verwalter, der sich einfallsreicher Buchhaltungsmethoden bediente. Schließlich verstand es sein Vorgesetzter und entschied, ihn zu kündigen. Aber als der Verwalter nur noch einige Tage seine Arbeitsstelle innehatte, sagte er sich:»Es gibt eine Schwierigkeit. Ich bin im Begriff, mein monatliches Einkommen zu verlieren. Nun bin ich aber bereits zu alt, schwere Arbeit auf mich zu nehmen, und zu stolz zu betteln. Irgendwie muß es doch eine Lösung geben.«

Also hat der Verwalter etwas zwar Unmoralisches, aber sehr Einfallsreiches unternommen: Er rief einige der Leute zusammen, die seinem Vorgesetzten Geld schuldeten.»Wieviel schuldet ihr uns?« fragte er.

Ein Mann antwortete:»Hundert Sack Weizen.«

»Ich sage dir«, antwortete der Verwalter,»ändere die Abschrift des Schuldscheins, und ich ändere meine Eintragung. Schreibe, daß deine Schuld nur fünfzig Sack ausmacht.«

»Danke«, sagte der Mann,»das ist sehr nett von dir. Laß es mich einfach wissen, wenn du einmal Mehl brauchst.«

»Keine Sorge«, sagte der Verwalter,»das werde ich.« Dann rief er noch zwei andere Schuldner zu sich und wiederholte sein großzügiges Angebot.

Was tat der kluge Verwalter? Er verwandte einfach das Vermögen seines Vorgesetzten dazu, sich persönlichen Vorteil zu verschaffen. Dies versetzte ihn für die Zeit seiner Arbeitslosigkeit in die Lage, eine alternative Sicherheit zu beanspruchen. Sein Vorgesetzter erkannte sehr schnell, was er tat, und reagierte höchst ungewöhnlich – er lobte den Einfallsreichtum und die Schlauheit seines Verwalters!

Nun haben weder Jesus noch der Vorgesetzte je Hinterlist, Unehrlichkeit oder»kreative Buchhaltung« unterstützt. Aber beide anerkennen den Weitblick des Verwalters. Als er mit einem ernsthaften Problem konfrontiert wurde, versteckte er sich nicht, schob niemandem die Schuld zu, griff nicht zur Flasche und sprang auch nicht von einer Brücke. Statt dessen stellte er sich dem Problem und fand einen einfallsreichen Weg, es zu lösen. Jesus lobte ihn, weil er nach einer Lösung suchte, sobald er sein Problem begriff.

Was ist so besonderes daran? Sucht nicht jeder nach einer Lösung, wenn ein dringendes Problem ansteht? Eigenartigerweise ist das nicht so. Je länger ich mit Menschen arbeite, desto mehr wird mir bewußt, daß die vorherrschende Tendenz nicht dahin geht, zu versuchen, die Probleme zu lösen, sondern an ihnen festzuhalten. Ein Mensch lebt glücklich, bis ihn plötzlich ein großes Problem trifft – am Arbeitsplatz, in der Ehe, in der Familie, in Beziehungen, im geistlichen Leben, gesundheitlich oder wobei auch immer. Seine erste Reaktion besteht darin, daß er sich fragt: »Warum gerade ich? Warum trifft unter den vielen Milliarden Menschen auf der Erde ausgerechnet mich dieses Problem?« Er beginnt über die Tatsache, daß ihm jetzt ein Problem widerfahren ist, zu jammern und zu stöhnen.

Es ist noch nicht genug, daß er sich aufgrund der Situation schlecht fühlt; bald ruft er seine Freunde, um festzustellen, ob sie mit ihm über sein Unglück klagen. Er kniet sich hin und erzählt Gott in schillernden Farben von seinem Mißgeschick, als ob Gott nicht wüßte, was los sei. Er bewegt es in seinem Kopf hin und her wie ein Schnitzel in der Pfanne und verschickt schließlich offizielle Einladungen zu einer »Klagefeier«. Ehe er sich versieht, dreht sich sein ganzes Leben um dieses Problem. Es tritt eine Ohnmacht ein. Er hat sich dazu entschlossen, sich von seinem Problem vereinnahmen zu lassen. Weder kann er es lösen, noch sich auf andere Bereiche in seinem Leben konzentrieren. Er selbst *ist* zum Problem geworden.

Erstaunlicherweise hat er alles getan, was man bei auftretenden Schwierigkeiten machen kann, nur das, was er hätte tun sollen, hat er unterlassen – hartnäckig und entschieden nach einer Lösung zu suchen.

Nichts ist unmöglich

Die Jünger dachten einmal, sie hätten Jesus sagen hören, daß anständige, wohlhabende und ehrliche Gemeindeleiter nicht erlöst werden könnten. Wenn das wahr gewesen wäre, hätten ihre Chancen, erlöst zu werden, auch nicht besonders gut gestanden. Die Jünger, die zu diesem Zeitpunkt noch keine visionäre Sichtweise hatten, gaben sofort alle Hoffnung auf. Sie sahen keinen Ausweg. Erlösung lag offensichtlich außerhalb ihrer Reichweite. Jesus sah sie an und sagte zu ihnen:»Freunde, ihr habt recht. Bei den Menschen gibt es zu manchen Problemen keine Lösung. Aber für Gott ist nichts unmöglich« (vgl. Mt 19,26).

Scheint Ihr Problem größer als das Leben, sogar größer als Gott selbst zu sein? Das ist es nicht. Gott ist unendlich viel größer als irgendein Problem, das Sie je hatten oder haben werden, und jedesmal, wenn Sie ein Problem als unlösbar bezeichnen, verspotten Sie Gott.»Für Gott ist nichts unmöglich.« Ahnungsvoll in die Zukunft blickende Menschen haben dieselben Probleme wie jeder andere Mensch auch; aber sie suchen lieber unverzüglich nach einer Lösung für ihre Probleme, anstatt von ihnen gelähmt zu werden. Sie scheinen beinah unbewußt zu sagen:»Nun gut, die Situation ist schwer, aber kein Problem ist größer als Gott. Und ich muß gleich jetzt, ehe ich mich festfahre, einen Weg finden, es zu lösen.« Meistens finden diese weitsichtigen Menschen mit Gottes Hilfe einen Weg, mit ihren Problemen fertig zu werden, anstatt ihnen ihr Leben auszuliefern.

Das weitsichtige Planen ist eine lebenswichtige Eigenschaft, die erhalten werden muß, da das Leben tatsächlich eine Kette von Problemen, Herausforderungen, Strapazen und Enttäuschungen ist. Wenn Sie zulassen, daß Sie von Schwierigkeiten überwältigt werden, sieht Ihre Zukunft nicht sehr glänzend aus. Zunächst werden Sie um *ein* Problem kreisen, und bald schon um das nächste. Sie werden Ihr ganzes Leben damit zubringen, sich im Kreis zu drehen und den Schmutz zu verfluchen. Wenn Sie dagegen die vorausschauende Lebensführung fördern und jedesmal, wenn Sie mit einem Problem konfrontiert werden, sofort nach Lösungen suchen, werden Sie nicht nur jede Form der Entmutigung zurückweisen, sondern auch entdecken, wieviel Einfallsreichtum und Weisheit Gott seinen Kindern, die bei ihm Hilfe suchen, geben möchte. Wie oft unterschätzen wir Gott und zweifeln an seiner Fähigkeit, uns in unseren Alltagsproblemen beizustehen!

Vor einigen Jahren hat nach dem Gottesdienst eine Frau mit mir gesprochen. Ich wußte, daß sie seit langem über etwas verzagt war, also forschte ich nach, bis sie sagte:»Wissen Sie, meine Arbeit hängt mir zum Hals heraus.«

»Was tun Sie dagegen?« fragte ich.

»Nun, ich kann nichts dagegen tun«, sagte sie.

»In Ordnung«, sagte ich, »lassen Sie mich Ihnen eine Hausaufgabe geben. Gehen Sie an einen ruhigen Ort. Nehmen Sie sich Papier und Bleistift und schreiben Sie fünf mögliche Lösungen für Ihr Dilemma auf.« Um ihr den Anfang leicht zu machen, gab ich ihr zwei der fünf Lösungen, die mir gerade einfielen. Ich kann mich noch an ihren Blick erinnern, als ich das tat – eine Mischung aus Hohn und Schock. Diese Frau hat sich so lange ihrem Problem ausgeliefert, daß sie vergessen hatte, daß sie etwas unternehmen konnte, um es zu lösen.

Vier Schritte, um ein Problem zu lösen

Vielleicht sagen Sie sich: »Nun, offensichtlich ist Bill Hybels nie in meiner Situation gewesen. Wenn meine Probleme so leicht gelöst werden könnten, hätte ich es gleich am Anfang getan.« Ich muß zugeben, daß ich nicht in Ihrer Situation stecke. Ich kenne Ihren Chef nicht, auch nicht Ihre Frau, Ihr Kind, Ihre Freunde oder Ihren Arzt. Aber ich habe genau wie Sie einige riesige Probleme, die aus menschlicher Sicht unlösbar sind. Aber ich möchte weder Jammerpartys veranstalten noch an Problemen festhalten. Ich werde nun beschreiben, was ich mit Gottes Gnade und der Hilfe vieler anderer Menschen unternehme, wenn ich mich einem Problem stelle. Diese vier praktischen Schritte können Ihnen auch dann helfen, wenn Ihre Probleme unlösbar scheinen.

Zuerst möchte ich Matthäus Kapitel 19, Vers 26 wiederholen: »Für Menschen ist das unmöglich, für Gott aber ist alles möglich.« Ich kenne diesen Text seit langem, aber ich muß ihn auf jedes neue Problem, das sich mir in den Weg stellt, anwenden. Wenn es unmöglich zu sein scheint, eine Lösung zu finden, hat diesem wahren Satz die letzte Stunde geschlagen. Ich muß ihn in dem Fall zunächst davor bewahren und hartnäckig an ihm festhalten. Gott ist größer als mein Problem.

Zweitens gehe ich an einen Ort, an dem ich ungestört sein kann, und nehme mir eine andere Schriftstelle vor. Im ersten Kapitel des Jakobusbriefes, Vers 5 steht: »Fehlt es aber einem von euch an Weisheit, dann soll er sie von Gott erbitten; Gott wird sie ihm geben, denn er gibt allen gern und macht niemandem einen Vorwurf.« Ich verlange von mir, daran festzuhalten, daß Gott dieses Versprechen auch in meinem Fall einlöst. Wenn ich nicht sofort daran glauben kann, tue ich so, als ob ich es bereits könnte. Ich sage mir: »Ich werde so handeln, als wäre das Versprechen wahr.« Ich sage zu Gott: »Ich werde einen Weg gehen und ihn so lange verfolgen, bis ich spüre, daß du mein Gebet um Weisheit gehört hast, und ich weiß, daß du mir helfen wirst, eine Lösung für dieses Problem zu finden.« Manchmal sind diese Wege lang, aber am Ende vertraue ich.

Drittens treffe ich mich mit Geschwistern in Christus, die prädestiniert sind, nach Lösungen zu suchen. Ich möchte mich nicht mit Menschen treffen, die nur Mitleid zeigen. »Armer Bill, was hat er nur für ein schreckliches Problem.« Das hilft mir nicht. Eine Zeitlang tut es gut, aber wenn ich am nächsten Tag aufwache, ist das Problem immer noch da, überlebensgroß. Ich treffe mich also mit Menschen, die mir sagen können, wie sie ähnliche Probleme in der Vergangenheit gelöst haben.

Viertens schreibe ich in geistlicher Demut des Gebetes und der Offenheit dem Heiligen Geist auf, was meiner Ansicht nach die vier oder fünf besten Lösungen für mein Problem wären. Dann beginne ich im Glauben den Weg einer dieser Lösungen zu gehen – im Vertrauen, daß Gott einige Türen verschließt und andere öffnet. Mir zittern oft die Knie, wenn ich diese ersten Schritte mache, aber lieber gehe ich mit Furcht voran, als in einer schlechten Situation steckenzubleiben.

Gleichgültig, in welchem Bereich Sie ein Problem haben, ob mit Freunden, in der Ehe, finanziell, geistlich, emotional, beruflich – Sie können eine Lösung finden, wenn Sie nur bereit sind, vorausschauend zu sein. Vertrauen Sie auf das Versprechen, daß für Gott nichts unmöglich ist. Bitten Sie ihn um Weisheit. Besprechen Sie Ihre Situation mit weisen Freunden. Treffen sie einige Entscheidungen und verfolgen Sie diese im Glauben. Es wird Ihrem Leben eine entscheidende Wende geben, wenn Sie auf dem Weg zu einer Lösung sind.

Ein Blick hinter die Kulissen

Die vorausschauende Lebensführung, die ich meine, dient natürlich nicht nur dazu, Probleme zu lösen. Eine zweite Definition dieser Art von visionärer Voraussicht ist folgende: *Bei der voraus-*

schauenden Lebensführung besteht die Fähigkeit darin, hinter die Masken der Menschen zu blicken. Menschen mit dieser Fähigkeit wissen, daß es sich lohnt, ein wenig genauer hinzusehen, um zu erkennen, was andere Menschen bewegt.

Die meisten von uns sind erstaunlich begabt, Äußerlichkeiten an anderen festzustellen. Sie sagen beispielsweise: »Der ist arrogant oder talentiert; jener ist egoistisch oder eitel.« Ihre Freunde pflichten ihnen bei: »Das habe ich auch schon festgestellt.« Sie lächeln sich zustimmend an und registrieren eine bemerkenswerte Übereinstimmung. Hingegen handelt es sich bei allem, was Sie gesehen haben, nur um Äußerlichkeiten. Vorausschauende Menschen begnügen sich nicht damit – das ist ihnen zu wenig. Sie blicken ins Innere; sie wenden ihren Blick auf die Einzigartigkeit des anderen. Sie schauen auf das Herz, den Charakter, die Hoffnungen und Ängste, die das Verhalten des anderen prägen.

Jesus bewies diese Eigenschaft, als er Simons Name änderte. Alles, was den anderen bei Simon auffiel, war seine impulsive Art, seine Aggressivität und seine Feigheit. Aber Jesus blickte bis hinein in den Kern und sah verborgene Möglichkeiten, von denen sonst niemand wußte. Simon verfügte über Willensstärke, eine Eigenschaft, von der selbst er nicht einmal wußte, daß er sie hatte. Jesus gab ihm den neuen Namen *Petrus*. Dies bedeutet im Griechischen *Fels* oder *Säule*, also handelt es sich hierbei um etwas Geeignetes, ein großes Gebäude darauf zu bauen. »Auf diesen Fels«, sagte Jesus, »werde ich meine Kirche bauen, und die Mächte der Unterwelt werden sie nicht überwältigen« (Mt 16,18). Können Sie sich den Schrecken in den Gesichtern der anderen Jünger ausmalen, als sie das hörten? Aber Petrus wurde tatsächlich zur tragenden Säule (vgl. Gal 2,9). Er, der angesehene Leiter, wurde in Rom der Gründer der Kirche. Seine Karriere als Leiter geht auf die Weitsichtigkeit Jesu zurück, auf seine Bereitschaft, nicht bei den äußerlichen Charaktereigenschaften stehenzubleiben, sondern auf Petrus' wahres Ich zu blicken.

Ich liebe Sprichwörter wie jenes in Kapitel 20, Vers 5: »Ein tiefes Wasser sind die Pläne im Herzen der Menschen, doch der Verständige schöpft es herauf.« Es existiert im Herzen jedes nach Gottes Ebenbild geschaffenen Menschen eine Tiefe, die man erst mit dem richtigen Gespür ergründen kann, um sie ans Licht zu bringen.

Menschen, die mit ihren Augen den Dingen auf den Grund gehen, haben den wichtigen Auftrag, im Leben anderer eine Aufgabe zu erfüllen. Sie sehen mehr als nur das Augenscheinliche, sie sehen das Verborgene und versuchen die Größe zur Entfaltung zu bringen, die Gott jedem Menschen zugeteilt hat. Wir brauchen vorausschauende *Eltern* – Mütter und Väter, die ihre Kinder gewissenhaft beobachten, die sehr viel beten und aufmerksam mit ihnen sprechen, um die Einzigartigkeit jedes Kindes zu entdecken und aufzudecken. Wir brauchen weitsichtige *Ehepartner*. Die meisten von uns haben als Ehepartner gänzlich die Gewalt über das Augenscheinliche. Wir müssen die Oberfläche durchdringen und so lange suchen, bis wir die verborgenen Schätze im Innern unseres Partners finden.

Wir brauchen *Geschäftsleute* mit einem richtigen Gespür für die wirtschaftliche Entwicklung, die ihre Angestellten wie Menschen behandeln und gewissenhaft versuchen, einzigartige Fähigkeiten in den entsprechenden Abteilungsbereichen verantwortlich einzusetzen. In der Kirche benötigen wir vorausschauende *Jünger*, reife Christen, die mehr als nur Fehltritte und den Ehrgeiz junger Gläubiger bemerken und sagen: »Ich sehe dort eine versteckte und nicht genutzte Fähigkeit, die ich hervorholen werde.« Wir haben auch solche *Zeugen* nötig, die Ungläubigen tief in die Augen blicken können, die keine Zeit für Jesus haben. Die dann zu ihnen sagen: »Ich bin gespannt, was die verändernde Kraft Christi in deinem Leben bewirken kann!«

Diese Art zu sehen, die uns einen Einblick in das Innere des Menschen gewährt, kann zur Entfaltung gebracht werden. Es braucht Zeit – Zeit der eingehenden Betrachtung des unbekannten Charakters, aufmerksame Gespräche, beständiges Gebet um Einsicht und stilles Nachdenken. Es erfordert auch Mut, denn es ist möglich, daß der Heilige Geist uns auffordert, an einem Menschen etwas positiv hervorzuheben, was sonst niemand sieht.

Mit Gottes Augen sehen

Ich werde nun eine dritte Definition für eine vorausschauende Lebensführung geben, deren Formulierung mir mehr Schwierigkeiten bereitet, weil sie mit meinem eigenen Weg an Gottes Seite etwas zu tun hat. Ich bin mir nicht ganz sicher, wie sie realisiert werden kann, auch weiß ich nicht immer, wie man sie einsetzen kann, aber ich weiß, daß diese dritte Form wichtig ist. *Ein begnadeter Einblick ist die von Gott gegebene Fähigkeit, das zu sehen, was Gott durch unser Leben bewirken möchte, wenn wir uns ihm zuwenden.*

Gott kam einmal zu Moses und sagte:»Ich brauche einen Leiter, um eine lebenswichtige, aber schwierige Aufgabe für mein Volk durchzuführen.«

Moses sagte feige:»Hier bin ich, Herr – sende meinen Bruder. Er ist der Begabtere von uns beiden. Er kann beeindrucken. Er vermag in der Öffentlichkeit zu sprechen.« Zu diesem Zeitpunkt hatte Moses keinen begnadeten Einblick dafür, wie Gott ihn gebrauchen könnte.

Ich muß zugeben, daß ich dasselbe Problem wie Moses habe. Ich betrachte mich im Spiegel und sage:»Ich bin nicht ein Mensch, durch den Gott Wunder wirkt.«

Bei mir ist kein vornehmer Lebensstil auszumachen. Es ist keine dramatische Aura um mich. Ich fühle mich meistens sehr durchschnittlich, und oft frage ich mich, ob ich überhaupt von Bedeutung bin.

Aber von Zeit zu Zeit – ich möchte nicht vorgeben, als geschähe dies oft –, wenn ich mich auf den Herrn einlasse, scheint der Heilige Geist mir zuzuflüstern:»Bill, nimm deine Scheuklappen ab. Wo bleibt dein begnadeter Einblick? Du bist nicht viel, aber Gott ist alles. Und du bedeutest ihm viel. Warum glaubst du nicht an das, was du doch predigst? Gott hat Freude daran, törichte Menschen einzusetzen, um weise Menschen zu verwirren. Er liebt es, schwache Menschen zu beauftragen, starke Menschen in Erstaunen zu versetzen. Und er würde es besonders gerne sehen, dich loszuschicken, wenn du nur glauben würdest, daß nichts unmöglich ist.«

An irgendeinem Punkt in Ihrem Leben müssen Sie schon einmal gespürt haben, wie Gott sagte:»Ich möchte dich auf eine bedeutsame Art und Weise im Leben einsetzen. Es ist an der Zeit, eine neue Richtung einzuschlagen. Ich möchte deine Berufung ändern, weil du mir etwas bedeutest. Ich habe große Pläne für dich, und ich werde in deinem Leben wirken. Du mußt nur deine Scheuklappen abnehmen, dann werde ich dich gebrauchen.« Einen kurzen Augenblick spürten Sie Ihr Herz flattern, und Sie dachten:

»Vielleicht war das Gottes Stimme.« Aber dann, anstatt die Sterne zu sehen, richteten Sie Ihren Blick auf die Gitterstäbe. Beim Anblick dieser stählernen Zeugen, die unmißverständlich und kalt auf die Wirklichkeit des Gefängnisaufenthaltes hinwiesen, würgten Sie Ihre Stimme ab. Sie nahmen dem Geist Gottes das Licht weg. Sie sagten: »Ich glaube, ich bleibe in meiner Zelle.« Und Gott war betrübt.

Ich kann Sie nicht bitten, etwas zu vollbringen, was ich selbst nicht tun möchte. Ich möchte bereitwillig sagen: »Gott, hier bin ich. Gebrauche mich. Führe mich. Wenn du etwas Bedeutsames für mein Leben geplant hast, kannst du auf mich zählen. Ich werde dir folgen, so gut ich kann – mit zittrigen Knien, aber im Vertrauen. Ich will die Sterne sehen, nicht die Gitterstäbe. Ich will, daß mein begnadeter Einblick vertieft wird.«

Kapitel 5

Ausdauer –
Fluchtgedanken überwinden

Wenn Sie auf die letzten zehn Jahre Ihres Lebens zurückschauen –
was wünschten Sie, daß Sie es nicht aufgegeben hätten?

• Wünschten Sie, Sie hätten die weiterführende Schule, die
  Hochschule oder die Universität beendet?
• Wünschten Sie, Sie hätten weiter Gesangs-, Tanz-, Klavier-
  oder Skiunterricht genommen?
• Wünschten Sie, Sie wären bei dieser schlecht bezahlten Ar-
  beitsstelle geblieben, die dennoch große Aufstiegsmöglichkei-
  ten geboten hätte?
• Wünschten Sie, Sie hätten weiter an Ihrer Beziehung zu Ihrem
  ersten Ehepartner gearbeitet?
• Wünschten Sie, Sie hätten diese alte Freundschaft aufrechter-
  halten, die zerbrach, als es schwierig wurde?
• Wünschten Sie, Sie hätten Gott nicht aufgegeben?

Die meisten von uns neigen dazu, nicht länger als nötig über unsere Fehler nachzudenken, und selbst die Bibel weist uns an, nicht
in der Vergangenheit zu leben (vgl. dazu Phil 3,13-14). Doch gelegentlich lohnt es sich, über den hohen Preis nachzudenken, den
es kostet, wenn man etwas aufgibt. So viele Menschen leben mit
Narben oder offenen Wunden, weil sie etwas oder jemanden aufgegeben haben. Es gibt so viele, die auf ihr Leben zurückschauen,
ihren Kopf schütteln und sich fragen: »Weshalb habe ich so schnell
aufgegeben?«

Die Antwort liegt auf der Hand: es ist unendlich viel leichter aufzugeben, als durchzuhalten. Es ist einfacher, nach draußen zu gehen und zu spielen, als Tabellen für die Schule zu lernen. Es ist bequemer, nach der Arbeit fernzusehen, als einen Abendkurs an der Universität zu belegen. Es ist unkomplizierter, während eines Streits aus dem Zimmer zu gehen, als zu bleiben und den Konflikt auszutragen. Es ist mit weniger Mühe verbunden, am Sonntag im Morgenmantel Zeitung zu lesen und Kaffee zu trinken, als seine Familie und sich anzuziehen und sich durch den Verkehr zu kämpfen, um in die Kirche zu gehen. Es ist einfacher, das zu tun, was man selbst mit seinem Leben vorhat, als vor Gott niederzuknien, ihm die Fäden in die Hand zu geben und geduldig, erwartungsvoll und manchmal qualvoll darauf zu warten, daß er einen führt. Es ist leichter, die Nachfolge Jesu Christi aufzugeben, als den schmerzhaften Prozeß täglicher Hingabe auf sich zu nehmen.

Sie können mir sicher beipflichten, daß es fast immer leichter ist, aufzugeben, als durchzuhalten. Das Aufgeben fordert jedoch einen hohen Preis, und viele von uns mußten teuer dafür bezahlen, daß sie zu früh aufgegeben haben.

Hauptgewinn Ausdauer

Stellen Sie sich vor, Lotto und Toto würden während der Osterwoche eine Charaktereigenschaft als Hauptgewinn ausschreiben anstelle der sonst üblichen Millionen. Die Schlangen an den Annahmestellen sind kürzer als üblich, aber immer noch zahlen Tausende ihr Geld bei dem Gewinnspiel ein.

Wenn der Zeitpunkt gekommen ist, an dem die Gewinner bekanntgegeben werden, hören dann die gespannten Radiohörer und Fernsehzuschauer im ganzen Land, daß der vierundvierzigjährige, glatzköpfige Kaufhausangestellte aus Köln die vollendete Charaktereigenschaft *Ausdauer* gewonnen hat. Und er – nennen wir ihn Hermann – tritt vor, tut so, als wäre er aufgeregt, ist zwei Tage lang der Mittelpunkt von Fernsehkameras und Reporterfragen und geht dann wieder ohne Aufsehen zurück an seine Arbeit beim Kaufhof.

Werfen wir einen Blick auf Hermann, nachdem zehn Jahre vergangen sind, und sehen nach, wie es ihm ergangen ist. Wir fragen ihn nach seinem Hauptgewinn, und er antwortet mit einem Lachen über das ganze Gesicht: »Wissen Sie, damals glaubte ich nicht daran. Ich war sogar ziemlich wütend, daß dieses eine Mal – als ich die richtigen Zahlen getippt hatte – eine Charaktereigenschaft als Gewinn statt eines Schecks über sieben Millionen Dollar ausgeschrieben war. Ich arbeitete zu dem Zeitpunkt mit vierundvierzig Jahren immer noch zu einem Mindestlohn, weil ich nie bei einer Arbeit blieb. Ich nehme an, ich wollte immer sofort die nächste Beförderung oder leicht verdientes Geld, und so gab ich jedesmal auf, wenn die Arbeit schwierig wurde.

Aber seit mir Ausdauer geschenkt wurde, ist das anders. Ich bin nun seit zehn Jahren beim Kaufhof, gebe mein Bestes, ganz gleich, welche Arbeit mir zugeteilt wird, und ich bin schon einige Male befördert worden. Jetzt bin ich stellvertretender Geschäftsführer. Ich habe meinen Schulabschluß nachgeholt, indem ich zwei Jahre lang zum Abendgymnasium ging. Das wäre früher nie möglich gewesen – ich hätte nach dem zweiten Kurs aufgegeben. Aber ich habe durchgehalten, weil ich jetzt über Ausdauer verfüge, und ich bin wirklich stolz auf diesen Abschluß. Ausdauer hat sich auch in meiner Ehe sehr bewährt, die zu dem Zeitpunkt, als ich in der Lotterie gewann, fast völlig ruiniert war. Und meine Frau und ich kommen jetzt seit mehreren Jahren gut miteinander aus. Ich hatte auch Gott so ziemlich aufgegeben, jedoch begann ich meine Suche von neuem und habe jetzt ein aufregendes geistliches Leben. Zum ersten Mal in meinem Leben fühle ich mich – dank der Ausdauer – gut.«

Hermann kann nicht länger mit uns sprechen, weil er in seinem Büro im Kaufhof ausgerufen wird, aber er sagt abschließend: »Wenn ich zurückschaue, sehe ich, daß mich ein Sieben-Millionen-Dollar-Scheck dazu befähigt hätte, alles aufzugeben, was ich nur wollte. Wahrscheinlich hätte das meine Würde, vielleicht sogar mein Leben zerstört. Aber die Ausdauer hat mich zu einem erfolgreichen, glücklichen Menschen gemacht.«

Das Zeitalter des Moments

Im Jakobusbrief Kapitel 1, Vers 12 heißt es: »Glücklich der Mann, der in der Versuchung standhält. Denn wenn er sich bewährt, wird er den Kranz des Lebens erhalten ...«

Wir verwenden viel Energie darauf, Versuchungen aus dem Weg zu gehen, doch eigentlich sollten wir Gott für die Versuchung danken. Die Not hilft uns dabei, Ausdauer zu entwickeln, und Ausdauer ist eine starke Waffe der Charakterausrüstung.

Aber auch Ausdauer steht auf meiner Liste für gefährdete Charaktereigenschaften, weil wir in einem Zeitalter des Moments leben. Heutzutage wollen wir bekannt sein, Erfolg haben, schnelle Entwicklungen und Lösungen sehen, Eheglück und sogar geistliche Reife über Nacht finden. Wenn unsere Erwartungen im Nu nicht erfüllt werden, neigen wir sehr stark dazu, aufzugeben. Dies trifft vor allem auf die Menschen zu, die nicht älter als fünfundvierzig Jahre sind. In den sechziger Jahren sind wir die »Generation des Augenblicks« genannt worden, und daran hat sich seither nichts geändert. Wir geben die Arbeitsstelle, Erziehungsprogramme, Freundschaften und die geistliche Suche vorzeitig auf. Selbst wenn wir Christen sind, treten wir von Gottes Auftrag für unser Leben zurück, noch ehe wir ihn wirklich angenommen haben. Wir geben sehr leicht auf und zeigen keinen starken Willen, weil wir nicht begriffen haben, was Ausdauer ist. Aber Ausdauer ist notwendig, um den Herausforderungen des Lebens standzuhalten.

Ausdauer stärkt den *Mut*. Es ist gut, sich fünfzehn Minuten lang mutig einzusetzen, aber das reicht nicht aus, im Leben durchzuhalten. Ausdauer gewährt Durchsetzungskraft für die *Disziplin*. Es ist wichtig, das Prinzip der *aufgeschobenen Freude* zu verstehen und langfristige Entscheidungen zu treffen, aber dabei handelt es sich nicht um einmalige Handlungen. Ausdauer bewirkt, daß die *vorausschauende Lebensführung* verwirklicht werden kann. Ohne Ausdauer ist sie nichts weiter als ein Hirngespinst. Ausdauer ist eine der unentbehrlichsten Charaktereigenschaften, aber man wird sie niemals in der Lotterie gewinnen. Man kann sie weder kaufen noch über sie verhandeln. Wie kann man sie dann entwickeln?

Es wird mir zu viel – ich möchte aufgeben

Sie entwickeln Ausdauer, indem Sie lernen, genau die gefährdeten Augenblicke zu überwinden, in denen Sie am liebsten aufgeben würden. Wenn Sie ein Läufer sind, wissen Sie, welche Augenblicke gemeint sind. Es passiert bei der zwanzigsten Runde – man bekommt Seitenstiche, die Füße werden bleischwer, die Kehle brennt und der Verstand signalisiert Ihnen: »Hör auf! Genug! Lauf keine Runde mehr, auch keine halbe Runde – nicht einmal mehr einen Schritt!« Man ist körperlich an dem Punkt angelangt, an dem man am liebsten aufgeben würde.

Auch in der Arbeitswelt kommt so etwas vor, wenn der Druck gewaltig zunimmt, weil ein Termin näherrückt. Es wird einem schon schwindlig, weil man sich vor Arbeit kaum noch retten kann, und da kommt plötzlich der Chef rein und gibt einem eine zusätzliche Aufgabe. Man denkt: »Das war's! Ich kann das keinen Augenblick länger aushalten. Ich werde meine Kündigung schreiben, sie auf den Tisch schmeißen und gehen.« Das ist der Augenblick im Beruf, in dem man am liebsten aufgeben möchte.

Dieselbe Situation trifft bei dem zehnten Streit mit dem Ehepartner über ein und dieselbe Sache ein. Es gibt große Meinungsverschiedenheiten; seit Wochen hat sich eine Spannung aufgebaut. Dann sagt der Ehemann die magischen Worte, die das Faß zum Überlaufen bringen. Die Gefühle gehen mit beiden durch. Vehement scheinen die verletzten Gefühle ihnen mitzuteilen: »Hör auf, lauf nach draußen und rufe den Rechtsanwalt an – das ist es nicht mehr wert.« Das ist der Augenblick in der Ehe, in dem man am liebsten aufgeben möchte.

So etwas kommt auch in Ihrem Kampf um einen guten Charakter vor. Sie versuchen, von einem bestimmten sündigen Verhalten loszukommen und jemand, den Sie schätzen, macht sich über Ihre Ideale lustig. Sie fragen sich, warum soll ich eigentlich weiterkämpfen, wenn es ohnehin niemanden interessiert? Warum soll ich nicht einfach die vorherrschende Sittenlehre annehmen? Da ist wieder der Punkt – diesmal im Bemühen um ein moralisch verantwortliches Verhalten – an dem man am liebsten aufgeben möchte.

Selbst auf Ihrem Weg an der Seite Gottes kommt so etwas vor. Er hat auf Ihr Leben Einfluß genommen, und Sie haben bedeutende Veränderungen erlebt. Sie wissen, daß er Sie den richtigen Weg führt, aber er stellt einige große Anforderungen an Sie, und mit einem Mal wissen Sie nicht, ob Sie ihm – oder lieber sich selbst – vertrauen sollen. »Keiner macht das«, denken Sie. »Sollte ich der einzige sein, der so verrückt ist, Gott seinen Weg anzuvertrauen?«

Dann erleben Sie Mißerfolge, menschliche Ablehnung oder Verachtung und sagen sich: »Das war's dann, Herr! Ich gehe nicht einen Schritt weiter. Du verlangst mehr, als ich geben kann.« Das ist der Augenblick im geistlichen Leben, an dem man am liebsten aufgeben möchte.

Wohltuende Erleichterung

Es gibt noch viele andere Augenblicke, an denen man aufgeben möchte – bei der Erziehung, bei gefühlsmäßigen und seelischen Ereignissen oder bei Freundschaften. Bei fast allen Dingen, die man unternimmt, wird man an einen Punkt kommen, an dem das einzige, woran man noch denken kann, das Erleichterung versprechende Aufgeben ist. In der Zeit unserer Großeltern war es entwürdigend, aufzugeben. Aber im heutigen Denken wird dies häufig unterstützt.

Vielleicht beeindruckt die Ausdauer nicht sehr, doch macht es mich fast wahnsinnig, wenn im Fernsehen dieses schnellebig propagierte Verhalten verherrlicht wird. Stellen Sie sich folgenden Film vor. Es herrscht eine gereizte Stimmung am Arbeitsplatz. Der Angestellte ist anderer Meinung als sein Vorgesetzter. Sie verlieren die Nerven, als die spannungsreiche Hintergrundmusik den Höhepunkt ankündigt. Die Kamera zeigt den Angestellten in Nahaufnahme, und man kann sehen, wie auf seiner Stirn die Adern hervortreten. Ein Moment der Stille – und dann verkündet seine Stimme: »Ich kündige!« Die Musik wird sehr laut, als er hinausstürmt und die Türe hinter sich zuknallt. Und während die Sponsoren der Show ihr Loblied auf ein bestimmtes Bier oder ein Mittel gegen Sodbrennen singen, seufzen die Zuschauer im ganzen Land und sagen: »Das ist genau das, was ich eines Tages mit meinem Chef machen will. Ich möchte in schillernden Farben vor einem riesigen Publikum mit Geigen und Trommelwirbel im Hintergrund kündigen.«

Oder eine andere Filmsituation: Ein Mann und seine Frau haben Meinungsverschiedenheiten. Die Spannung steigt. Der Höhepunkt der Auseinandersetzung findet seinen Ausdruck, als die Frau ihren Mann plötzlich ins Gesicht schlägt. Genau in dem Augenblick hört der Zuschauer das Schmettern der Becken. Nun macht die wütende Frau auf dem Absatz kehrt, stürmt hinaus und knallt die Tür hinter sich zu – genau wie der Angestellte in dem anderen Film. Und die Hälfte der Frauen des Landes, in dem der Film gesendet wird, sagen: »Das ist es, was ich tun will, Johannes, hol die Krawattennadel, und wir werden mit deinem Vater reden. Diesmal werde ich ihm sagen, daß er verschwinden soll.«

Wenn wir derartige Filme anschauen, denken wir nicht daran, daß der Mann in dem ersten Streifen jetzt arbeitslos ist, die Frau im zweiten Film geschieden ist und der kleine Johannes darüber hinaus keinen Vater mehr hat. Alles, was wir sehen, ist der Zauber, die wohltuende Erleichterung, wenn man alles hinwirft und geht. Aber Gottes Wahrheit hält sich nicht an diesem falschen Kitschglauben auf. Er sagt, daß es sich genau umgekehrt verhält. »Glücklich, der Mann, der in der Versuchung standhält ...« (Jak 1,12). »Wer jedoch bis zum Ende standhaft bleibt, der wird gerettet« (Mt 24,13). Mit den Scheinwerfern und dem Trommelwirbel sollen nicht diejenigen verherrlicht werden, die aufgeben, sondern die anderen. Nämlich die Standhaften, die selbst wenn sie das Gefühl haben, keinen Schritt mehr machen zu können, die Zähne zusammenbeißen und sagen: »Mit Gottes Hilfe werde ich weitergehen.« Das ist der Augenblick, in dem die himmlischen Chöre in Gesang ausbrechen und die Scheinwerfer eingeschaltet werden. Genau dann werden durchschnittliche Menschen wie Sie und ich aus Gottes Sicht außergewöhnlich. In diesem Moment spüren Sie wahrscheinlich keine große Unterstützung. Sicher werden Sie die Engel nicht singen hören oder das himmlische Scheinwerferlicht verspüren. Aber wenn Sie Ihren Weg mit dem Herrn gehen, werden Sie den Heiligen Geist flüstern hören: »Glücklich, die auf Gottes Kraft vertrauen, die der Versuchung standhalten und die Augenblicke, in denen sie am liebsten aufgeben würden, durchstehen – sie werden den Kranz des Lebens erhalten.«

Geschafft!

Wenn Sie gerade jetzt an einem Punkt stehen, an dem Sie aufgeben möchten, berechnen Sie sorgfältig Ihren Verlust, ehe Sie das Handtuch werfen. Die Kapitulation ist keine glänzende Idee. Sie fördert nicht Ihre Charakterbildung. Gott segnet Sie nicht. In den meisten Fällen werden Sie es Ihr Leben lang bereuen. Aber wenn Sie an solch einem Punkt angelangt sind, an dem Sie am liebsten aufgeben möchten, und ihn dann – im Vertrauen auf Gottes Kraft – überwinden, haben Sie begonnen, Ausdauer in Ihrem Leben zu verankern.

Vielleicht sind Sie in Ihrem Beruf an diesem Punkt. Sie wollen im Handumdrehen Zufriedenheit, Erfolg und Erfüllung und bekommen das alles nicht. Glauben Sie ernsthaft, daß Sie diese Dinge woanders bekommen werden? Einer meiner Kollegen sagte letzte Woche zu mir: »Ich bin sicher, daß es mindestens fünfzig Augenblicke gegeben hat, in denen ich diese Stelle hier aufgeben wollte. Ich bin dankbar, daß ich es mit Gottes Kraft nicht gemacht habe, da ich jetzt hier glücklicher und erleichterter bin, aber auch eine aufregendere Arbeit habe, als ich mir je geträumt habe. Ich bin froh, daß ich geblieben bin.«

Vielleicht sind Sie auch soweit, Ihre Ehe aufgeben zu wollen. Es ist mir unangenehm, das zuzugeben, aber am Anfang unserer Ehe war dies manchmal ein verlockender Gedanke – und glauben Sie mir, es war nicht Lynnes Schuld. Glücklicherweise war Gott gnädig. Andere Menschen ermutigten uns, an unserer Ehe zu arbeiten, und der Heilige Geist verbrachte Überstunden mit uns. Jetzt hat sich unsere Ehe nach all der Korrektur, dem Zurechtstutzen, Abschleifen und Formen Gottes bewährt. Manchmal schaue ich Lynne an und sage: »Oh Gott, ich wäre so töricht gewesen, wenn ich diese Ehe aufgegeben hätte!«

Möglicherweise sind Sie geistlich an einem Punkt angekommen, an dem Sie aufgeben wollen. Sie gehen seit Wochen, Monaten oder sogar Jahren zur Kirche und immer noch ist Ihnen nicht klar, wer Jesus Christus ist. Sie fragen sich noch immer, warum es Ihnen vorkommt, als würde niemand zuhören, wenn Sie beten. Dennoch besagt Gottes Wort, daß »... er denen, die ihn suchen, ihren Lohn geben wird ...« (Hebr 11,6). »Sucht ihr mich, so findet ihr mich. Wenn ihr von ganzem Herzen nach mir fragt, lasse ich mich von euch finden – Spruch des Herrn ...« (Jer 29,13-14). Diese Verheißungen gelten für Sie.

Vielleicht sind Sie viele Jahre lang Ihren Weg mit Gott gegangen, sind des Kämpfens müde und haben die Verantwortung und Mühe der Leiterschaft satt. Es ist verlockend, auf Autopilot umzuschalten und ein Zuschauer anstelle eines Leiters oder Dieners zu werden. Aber wollen Sie wirklich den Einfluß, den Sie auf andere Menschen ausüben, und die Möglichkeit, dem Reich Gottes zu dienen, aufgeben?

Vielleicht gibt es sogar so viele Punkte in Ihrem Leben, an denen Sie aufgeben wollen, daß Sie Selbstmordgedanken haben. Aber Selbstmord ist nicht die Lösung. Gott ist größer als alle Probleme, die Sie haben. Die Lösung besteht darin, den Weg zu finden, den *er* geht, und sich zu öffnen, damit Ihr Leben eine neue Wende erfahren kann.

Was auch immer der Grund sein sollte, weshalb Sie aufgeben wollen – ich fordere Sie auf, Gottes Wahrheit und Treue zu prüfen. Sagen Sie einfach:»Gott, ich vertraue darauf, daß du mir die Kraft dazu gibst, diesen Punkt zu überwinden. So kann ich durchhalten, und aus mir wird sich ein vollkommener Mensch entwickeln.«

Brechstange oder Kükenfeder?

Ausdauer ist für mich eine wertvolle Eigenschaft. Sie stand mir unzählige Male bei, wenn ich mich an die Wand gedrückt fühlte und versucht war, meinen Dienst aufzugeben. Weil mir die Ausdauer so viel bedeutet, stelle ich mir Sonderaufgaben, die dazu beitragen, sie zu stärken.

Wenn ich in der Turnhalle meine Runden laufe, lege ich von vornherein fest, wie viele ich laufen werde. Wenn ich mein Ziel erreiche, bin ich normalerweise müde und alles schmerzt. Das ist der Augenblick, an dem ich aufhören möchte. Dann sage ich oft zu mir:»Ich laufe noch eine Runde.« In diesem Augenblick gilt es nicht, einen Widerstand zu überwinden, für den die Schlagkraft einer Brechstange nötig wäre. Hier gilt es, nur soviel aufzuwenden wie nötig ist, um durch Blasen den zarten Flaum einer Kükenfeder zum Zittern zu bringen.

Wenn ich im Urlaub am Strand bin, gehe ich gerne Surfen. Ich gehe immer wieder hinaus, so lange, bis meine Arme brennen, meine Beine schmerzen und ich völlig erschöpft bin. Dann ermuntere ich mich:»Ich werde nur noch ein letztes Mal umdrehen und hinaussurfen.« Ich möchte mir einmal mehr beweisen, daß der Augenblick, in dem man aufgeben möchte, nichts mit einer Brechstange, sondern mit einer Kükenfeder zu tun hat.

Wenn ich Predigten vorbereite, komme ich manchmal an den Punkt, an dem ich sage: »Das war's! Mein Kopf ist verwirrt und mir fällt kein neuer Gedanke mehr ein.« Zu diesem Zeitpunkt gehe ich dann durch die Kirche und entschließe mich: »Ich werde mich noch einmal hinsetzen, und es wird sich zeigen, daß dieser Punkt, an dem ich aufgegeben habe, allein den Hauch für die Feder nötig gehabt hätte.«

Jedesmal, wenn Sie solch eine Hürde nehmen, beweisen Sie sich, daß diese nicht so massiv sind, wie manche Leute glauben. Mit Gottes Hilfe kann man sie überwinden. Jedesmal, wenn Sie diesen Augenblick bestanden haben, wird ein Sieg im Himmel und in Ihrem Leben errungen. Sie haben die Ausdauer in Ihrem Geist gestärkt. Das nächste Mal werden Sie – selbst wenn der Berg sehr hoch ist – bereits mehr Ausdauer haben, die Ihnen hilft, ihn zu besteigen.

Solche Augenblicke, an denen wir am liebsten aufgeben würden, sind schmerzhaft. Und im Gegensatz zu uns ist sich Jesus dessen tatsächlich bewußt. Er ertrug den langen Weg bis zum Kreuz. Jedesmal, wenn die Soldaten ihn an seinem Bart zupften, ihm jemand ins Gesicht schlug oder die Peitsche seinen Rücken aufriß, schrie die Hölle: »Gib auf!« Als die Nägel seine Hände durchbohrten, die Zuschauer ihn verspotteten und er die Gegenwart seines Vaters nicht mehr spürte, schrie alles in seiner Seele: »Gib auf!« Aber durch die göttliche Kraft und durch den eigenen Entschluß überstand Jesus Christus – der Retter – diesen Augenblick und starb den Tod, der die Erlösung für jeden Menschen möglich macht.

Ich freue mich, daß wir einem Retter nachfolgen, der »... angesichts der vor ihm liegenden Freude das Kreuz auf sich genommen ...« hat (Hebr 12,2). Ich bin froh, daß man Ausdauer, obwohl sie nicht in der Lotterie zu gewinnen ist, lernen kann. Und ich freue mich darüber, daß der Heilige Geist jedesmal, wenn wir aufgeben wollen, sagt: »Steh es durch – ich werde dir die Kraft geben. In diesen Augenblicken benötigst du keine Brechstange zum Sieg, sondern den Hauch, eine Kükenfeder zum Erzittern zu bringen.«

Kapitel 6

Einfühlsame Liebe – in die Haut eines anderen schlüpfen

Vor einiger Zeit bekam in unserem Wohnzimmer eine große Pflanze eine Krankheit, und meine Frau machte sich Sorgen, daß sie andere Pflanzen anstecken könnte. Sie entschloß sich, sie zu entfernen. Eines Morgens, als die Kinder in der Schule waren, schnitt sie alle Zweige ab und warf sie in einen Müllsack. Den großen Topf mit dem Stumpf der Pflanze ließ sie im Wohnzimmer, damit ich ihn in die Garage tragen könnte, wenn ich heimkam.

Am Nachmittag kamen die Kinder ins Wohnzimmer und sahen den Topf. Unser Sohn, der damals sechs Jahre alt war, brach in Tränen aus. »Warum hast du so etwas Schreckliches getan?« fragte er Lynne. »Mußtest du die Pflanze umbringen? Und hat es ihr weh getan, als die Pflanze starb? Hättest du nicht den Arzt holen können?« Lynne benötigte eine halbe Stunde, um ihm alles zu erklären und ihn zu trösten.

Unterdessen sagte unsere neunjährige Tochter empört: »Todd, es war nur eine kranke alte Zimmerpflanze. Mach dir keine Sorgen deswegen. Ich bin froh, daß man sie abgeschnitten und von ihrem Leid befreit hat. Wirst du noch andere Pflanzen abschneiden, Mom? Brauchst du Hilfe?« Zwei Kinder aus einem Elternhaus, die gleich viel Liebe erhalten haben – jedoch war eines viel einfühlsamer als das andere.

Freunde von mir hatten einen Hund, der dreizehn Jahre lang ein treuer, zuverlässiger Begleiter der Familie war. Aber der Gesundheitszustand des Tieres hatte sich stark verschlechtert, so daß man ihn einschläfern lassen mußte. Es setzte der Familie sehr zu, daß sie das tun mußte. Sie verschoben diesen schrecklichen Tag mehrmals. Schließlich, als alle Familienmitglieder außer dem Vater in der Stadt Besorgungen machten, entschloß er sich, mit dem Hund zum Tierarzt zu gehen. Er erzählte mir:»Ich nahm den Hund und trug ihn ins Auto. Während ich zum Arzt fuhr, kroch er auf den Sitz, legte seinen Kopf auf mein Bein und schmiegte sich an mich. Es fiel mir schrecklich schwer, ihn in die Praxis zu tragen. Nachdem ihn der Arzt eingeschläfert hatte, ging ich zum Parkplatz zurück und mußte eine Weile warten, ehe ich zur Arbeit fahren konnte.«

Dieser Mann arbeitete mit seinem Bruder zusammen. Als er ins Büro kam, fragte ihn sein Bruder, wo er gewesen sei.»Nun, heute war der Tag«, sagte er,»an dem ich zum Arzt mußte, um den Hund einschläfern zu lassen.«

Sein Bruder erwiderte ungläubig:»Du hast einen Arzt bezahlt, um den Hund einschläfern zu lassen? Du hättest ihn zu mir bringen sollen. Ich hätte ihm eins auf den Kopf gegeben und mich um alles weitere gekümmert.« Zwei Brüder, die dieselbe Erziehung genossen haben: einer ist einfühlsam, der andere empfindet kein Mitleid.

Einfühlsam oder ohne Mitleid?

Im Epheserbrief Kapitel 4, Vers 32 sagt Paulus:

>»Seid gütig zueinander, seid barmherzig, vergebt einander, weil auch Gott euch durch Christus vergeben hat.«

Für viele von uns ist es nicht leicht, diesen Worten gerecht zu werden. Empfindsamkeit scheint für manche Menschen selbstverständlich zu sein, anderen hingegen ist sie fremd und schwer verständlich. Das wird beispielsweise auf Flughäfen oder in Einkaufszentren deutlich. Wenn dort eine ältere Frau mit ihrem Gepäck oder ihren Tragetaschen zu kämpfen hat, laufen viele gesunde und kräftige Menschen an ihr vorüber. Manche blicken sogar verbissen drein und drängen: »Mach schon, Oma!« Und da kommt ein einfühlsamer Mensch vorbei und nimmt sich Zeit, ihr zu helfen.

Durch das Beispiel des barmherzigen Samariters macht Jesus deutlich, daß ein religiöser Mensch nicht gleichzeitig auch einfühlsam ist (vgl. Lk 10,30-37). Der Priester und der Levit gingen an dem verletzten Reisenden auf der gegenüberliegenden Straßenseite vorüber, da sie nichts mit ihm zu tun haben wollten. Aber ein Nichtgläubiger – ein Samariter – leistete Hilfe, weil er Mitleid hatte.

Es gibt viele Gründe dafür, warum Menschen einfühlsam, andere dagegen ohne Mitleid sind. Gott schuf jeden Menschen unterschiedlich. Dieser Unterschied könnte auch durch ein ererbtes Temperament des einzelnen oder bestimmte Erfahrungen verursacht werden. Sowohl das Mitgefühl als auch die Härte sind wichtige Charaktereigenschaften; beide sind wichtige Bestandteile der Liebe.

Ich widme dieses Kapitel den Menschen, die von Natur aus eher gefühlskalt sind – so wie ich. Ich möchte Ihnen zeigen, daß auch Sie lernen müssen, freundlich und warmherzig zu sein, wenn Sie Christus ähnlich werden wollen. Das nächste Kapitel, Kapitel 7, ist den mitfühlenden Christen gewidmet, die etwas von der hartnäckigen Liebe lernen müssen. Es ist für diejenigen, die lernen, auch dann die Wahrheit zu sagen, wenn es weh tut – und den Mund überhaupt aufzumachen, wenn im Leben grundsätzliche Fehler gemacht werden. Die Unnachgiebigen müssen Empfindsamkeit lernen und die Empfindsamen müssen Unnachgiebigkeit lernen. Es sind wichtige Bestandteile der Liebe.

Das Dilemma des Mitleidlosen

Wenn wir hartherzigen Menschen ehrlich sind, müssen wir zugeben, daß unser schonungsloser Umgang Schaden anrichten kann. Wir nehmen Leute auf den Arm, die wir nicht auf den Arm nehmen sollten, und wenn sie verletzt sind, sagen wir: »Kannst du denn keinen Spaß verstehen?« Wir hören anderen Menschen nicht besonders gut zu. Wenn sie mit uns sprechen, sind wir grundsätzlich entweder mit unseren Gedanken weit weg oder beantworten so nebenbei in Gedanken ihre Fragen. Uns ist unverständlich, warum viele Menschen so schwach und furchtsam sind. Wir benutzen Menschen und fertigen sie unhöflich ab, wenn sie ihren Zweck erfüllt haben. Obwohl es uns vielleicht nicht bewußt ist, sagen uns andere, wir handelten überheblich. Wir lieben es, recht zu haben, zu wetteifern und besonders – zu gewinnen. Um die Wahrheit zu sagen, halten wir insgeheim einfühlsame Menschen für emotionale Weichlinge oder psychologische Einzelgänger. Wir verstehen sie nicht.

Aber in Augenblicken stillen Nachdenkens, die vielleicht höchstens zweimal im Jahr stattfinden, und nur dann, wenn wir uns durch einen Rückschlag in einer finanziellen Notlage befinden, einen Unfall, eine Krankheit, eine Scheidung oder eine andere Not haben, werden uns verschiedene Dinge bewußt. Wir mögen natürlich nicht das, was wir in unserem Innern sehen. Dies trifft vor allem dann zu, wenn wir in einer kläglichen Beziehung zu Jesus Christus leben. Während meiner eigenen höchst seltenen Zeit der Beschaulichkeit habe ich mich gefragt: »Wie kann mein Herz so hart sein? Ich habe die persönliche Liebe Jesu Christi aus erster Hand erfahren. Seine Liebe hat meine Seele berührt und mein Leben verändert. Ich weiß, daß der Heilige Geist in meinem Leben wirkt und an mir arbeitet, um einen liebevolleren Mann aus mir zu machen. Ich weiß, daß Gott mir aus Gnade eine leitende Funktion einer Gemeinde von Brüdern und Schwestern gegeben hat, die bei ihrer Anstrengung, liebevollere Menschen zu werden, unterstützt wird. Aber ich bin immer noch zu gefühllos und kalt. Was bleibt noch zu tun, damit ich mitfühlend werde? Welche praktischen Schritte kann ich unternehmen, um einfühlsamer mit Menschen umzugehen?«

Eine verzerrte Sichtweise

Kurz nachdem ich ein Christ geworden war, erkannte ich, daß ich Wärme und Einfühlungsvermögen nötig hatte. Ich brauchte Hilfe, um freundlich und warmherzig anderen Menschen gegenüber zu werden. Eines Tages, als ich in der Bibel las, stieß ich auf eine Episode in Jesu Leben, in der er einen blinden Mann heilte. Wenn Jesus Menschen heilte, berührte er sie meistens oder sprach zu ihnen und sie wurden sofort von ihrem Leiden befreit. Aber in dieser Geschichte, die im achten Kapitel des Markusevangeliums erzählt wird, geschah die Heilung in zwei Schritten. Jesus berührte die Augen des Mannes und fragte dann: »Siehst du etwas?« Der Mann antwortete: »Ich sehe Menschen; denn ich sehe etwas, das wie Bäume aussieht und umhergeht« (Mk 8,22-26). Jesus berührte ihn noch einmal, und diesmal wurde der Mann völlig geheilt. Schließlich konnte er die Menschen deutlich erkennen, ohne Verzerrung.

Zu jener Zeit hatte ich noch keine klare Vorstellung von der Bibelauslegung, aber ich wußte, daß mich diese Geschichte ansprach. Ich freute mich sehr an den Worten: »Ich sehe Menschen; denn ich sehe etwas, das wie Bäume aussieht und umhergeht.« Ich dachte: »Das ist auch mein Problem. Ich sehe die Menschen verzerrt. Für mich sind Menschen auch nur Teil der Landschaft. Sie sind mir so wichtig wie Bäume.«

Ich erinnere mich, daß ich zu mir sagte: »Wenn ich mich umsehe und andere Menschen betrachte, denke ich nicht ›Oh, dieser Mensch ist ein einzigartiges Geschöpf des allmächtigen Gottes. Er ist Gottes Ebenbild und er liebt ihn. Jesus hat sein Blut für ihn vergossen. Der Heilige Geist sucht ihn Tag und Nacht auf, um ihn zu einer Beziehung zum Vater zu bewegen. Er bedeutet Gott wirklich etwas!‹ So denke ich nicht. Für mich sind Menschen wie umhergehende Bäume.« Und als ich erkannte, wie sehr sich meine Sicht von der Sichtweise Jesu unterschied, wußte ich, daß ich meine ändern mußte. Ich mußte lernen, Menschen so zu sehen, wie sie wirklich sind.

Mit Gottes Augen sehen

Ich kenne viele hartherzige Menschen, die dazu neigen, den kürzesten Weg zu gehen. Sie sind erfolgreich und bringen etwas zuwege. Es gilt, Ziele zu erreichen, Quoten zu entsprechen und Geschäfte abzuschließen. Alles, was sie machen, erscheint ihnen so wichtig, daß sie Menschen in erster Linie in bezug auf sich selbst und ihre eigenen Projekte und Ziele sehen. Menschen sind entweder notwendige Mittel zum Zweck oder unnötige Behinderungen auf dem Weg des Fortschritts. Für eine hartherzige, hastige Persönlichkeit sind Menschen entweder Werkzeuge, die benützt werden, oder dienen dazu, Schwierigkeiten zu vermeiden.

So neigen hartherzige Menschen dazu, die Welt in Gewinner und Verlierer einzuteilen oder sind vorschnell mit aufgestellten Kategorien zur Hand. Es fällt ihnen schwer, zu erkennen, daß sie niemals auf einen gewöhnlichen Menschen treffen, sondern daß jedes menschliche Wesen in Gottes Augen einen einzigartigen Schatz darstellt. Sie können nicht begreifen, daß Verlierer und Gestrandete Gott genauso viel bedeuten wie Gewinner und angesehene Menschen. Die neu belebte Diskussion über Ausländer ist für Gott genauso überflüssig wie das Abgrenzen gegenüber Häftlingen und Homosexuellen. Er liebt alle Menschen: eine Pennerin genauso wie den Börsenmakler, Zahnmedizinstudenten oder Seminaristen.

Ausnahmslos sind wir alle eingeladen, die Vergebung am Kreuz anzunehmen. Weil Gott durch Christus jeden in seine Familie eingeladen hat, ist jeder Mensch, den wir antreffen, ein möglicher Bruder oder eine Schwester von uns. Wenn wir diese Wahrheit verstehen und beginnen, die Menschen in ihrer Bedeutung für Gott zu sehen, kann unser hartes Herz aufatmen, und wir lernen, anderen Menschen einfühlsam zu begegnen.

Nun seien Sie auf der Hut, Sie hartherziger Mensch! Das nächste Mal, wenn Sie zu jemandem grob sind, nur weil Ihr Gegenüber Kellnerin, Parkwächter, Metzger oder Hutflicker ist – halten Sie inne! In Gottes Augen gibt es keine »Nur-Menschen«. Diese Leute haben vielleicht lediglich einen einfachen Beruf, aber für Gott ist jeder einzigartig. Es kommt auf jeden einzelnen Menschen an. Und Sie, Herr Arbeitgeber – wenn Sie jemals eine Angestellte loswerden wollen, dann werfen Sie sie nicht einfach hinaus. Denken Sie daran, daß sie für Gott wertvoll ist. Und an alle Alleinlebenden! Wenn jemand von Ihnen das Gefühl hat, er solle die Verbindung zu jemandem abbrechen, dann lassen Sie ihn nicht einfach fallen. Denken Sie daran, daß er für Gott wichtig ist. Auch wir Autofahrer – sollten wir das nächste Mal die Gelegenheit erhalten, so einen richtigen Hitzkopf zu erleben, winken wir doch einfach einmal lächelnd zurück; selbst er ist für Gott von Bedeutung. Und Gottes Schätze sollten empfindsam behandelt werden.

Mit Gottes Herzen empfinden

Um Empfindsamkeit zu lernen, müssen wir hartherzige Menschen zuerst beginnen, mit Gottes Augen zu sehen. Dann müssen wir uns überwinden, in die Haut eines anderen zu schlüpfen. Einfühlsame Menschen haben die natürliche Vorliebe, sich in andere hineinversetzen zu können und deren Gefühle zu empfinden. Hartherzige Menschen dagegen können andere Menschen, die verletzt, zerbrochen oder verwirrt sind, ansehen und sagen: »Es sieht so aus, als ob es ein Problem gibt.« Es fällt ihnen viel leichter, die Probleme anderer zu analysieren als mitzufühlen.

Vor wenigen Jahren gingen Lynne und ich in *Sophie's Choice*, ein psychologisch ziemlich anspruchvoller Film, bei dem ein Teil des Filmes in einem Vernichtungslager des Zweiten Weltkriegs spielt. Ich war an diesem Abend sehr gut gelaunt und fühlte mich wie ein Teenager, der eine Verabredung mit dem hübschesten Mädchen der Schule hat; ich kaufte Popkorn, legte einen Arm um meine Frau und lehnte mich zurück, um den Film zu genießen.

Nach etwa dreiviertel des Films wurde er sehr gefühlsbetont. Während die Hauptdarstellerin Sophie ihre zwei Kinder in den Armen hielt, mußte sie sich entscheiden, welches sie dem Nazioffizier zur sicheren Verbrennung übergeben sollte. »Das ist tatsächlich ein anstrengendes Drama«, dachte ich. »Aber es zieht sich etwas in die Länge. Ob der Verkaufsstand wohl noch offen hat? Ich hätte gerne noch eine Tüte Popkorn.« Als ich mich umdrehte, um nachzusehen, merkte ich, daß Lynne schluchzte. Ich beschloß, das Popkorn ein anderes Mal zu besorgen, und Lynne weinte den Rest des Films.

Als wir zum Auto zurückgingen, war das sicher nicht der richtige Zeitpunkt, Witze zu machen. Also fuhren wir schweigend nach Hause und gingen ins Bett, ohne ein Wort zu sprechen. Ich wußte nicht, was mit ihr los war, bis sie schließlich anderthalb Tage später in der Lage war, darüber zu reden. »Ich möchte dir erzählen, warum ich so bestürzt war«, sagte sie. »Ich stellte mir vor – Todd und Shauna in den Armen – in dreißig Sekunden darüber zu entscheiden, wer leben und wer sterben sollte. Wie um alles in der Welt hätte ich je diese Wahl treffen können?« Lynne hatte nicht nur Mitleid mit Sophie gehabt; sie war in ihre Haut geschlüpft. Sie war für eine gewisse Zeit Sophie.

Das ist mir nicht passiert. Ich identifizierte mich nicht mit den Betroffenen und sah der Entwicklung des Dramas zu. In der Tat verstand ich nicht gleich, warum meine Frau von diesem Film so stark berührt war. Mitgefühl fliegt uns hartherzigen Menschen nicht zu. Wir müssen innehalten und bewußt versuchen, uns in einen anderen Menschen hineinzuversetzen. Wir müssen uns fragen, wie man sich in dieser oder jener Situation fühlt.

- Wie fühlt man sich, wenn man behindert ist und nicht aufstehen, sich anziehen oder einen guten Sitzplatz in der Kirche finden kann, weil es keinen Platz für den Rollstuhl gibt?
- Wie fühlt man sich, wenn man arbeitslos ist, finanzielle Verpflichtungen hat, denen man nicht nachkommen kann, und Kinder, die man nicht versorgen kann?
- Wie fühlt man sich, wenn man ein Schwarzer in einer weißen Gemeinde ist, die Minderheiten gegenüber nicht besonders feinfühlig ist?
- Wie fühlt man sich, wenn man geschieden oder verwitwet ist, wenn man ein Kind oder einen Elternteil verliert?
- Wie fühlt man sich, wenn man Krebs, Multiple Sklerose, Alzheimer-Krankheit oder Aids hat?

Wenn wir uns Zeit nehmen, in die Haut eines anderen zu schlüpfen, werden in der hart gewordenen Schale, die unsere Herzen umgibt, Risse sichtbar.

Anderen begegnen mit Jesus als Vorbild

Natürlich bedeutet ein Einfühlungsvermögen mehr, als nur Gefühle zu haben. Es ist wichtig, damit zu beginnen, die Menschen als Gottes Schätze zu sehen und aufrichtig Anteil zu nehmen. Aber wie sollen wir dem Ausdruck verleihen? Soll ich alle Menschen küssen? Soll ich mein gespartes Geld weggeben? Soll ich mein Haus verkaufen und dem Friedenscorps beitreten? Wie verhält sich ein einfühlsamer Christ?

Mit wenigen Worten – es ist das Wort Gottes, das uns dazu auffordert, die Menschen so zu behandeln, wie Jesus Christus uns behandelt. Wenn Sie beten, hört Gott aufmerksam auf jedes Wort, das Sie sagen. Aus welchem Grund sollten Sie Ihren Partner, Ihre Kinder, Ihre Freunde und Ihre Mitarbeiter nicht ebenso behandeln? Halten Sie inne, schalten Sie den Fernseher aus, beseitigen Sie jegliche Ablenkung und sagen Sie:»Ich werde zuhören, weil ich wirklich wissen will, was du zu sagen hast.« Wenn Sie einen Fehler machen, hilft Jesus und vergibt Ihnen. Er begegnet Ihnen weiterhin mit Liebe und Respekt. Warum sollten Sie nicht dasselbe mit den Menschen machen, mit denen Sie leben, arbeiten und beten? Wenn Sie sich einsam und unsicher fühlen, steht Ihnen der Heilige Geist bei. Er tröstet Sie und sichert Ihnen Gottes Liebe zu. Warum sollten Sie nicht den Menschen, die Sie lieben, in schweren Zeiten Trost und Unterstützung gewähren?

Kein Gläubiger muß je an Gottes Zuneigung zweifeln. Öffnen Sie die Bibel, und Sie werden auf jeder Seite Beweise dafür finden.

> »Weil du in meinen Augen teuer und wertvoll bist und weil ich dich liebe ...« (Jes 43,4).
> »... Vielmehr habe ich euch Freunde genannt ...« (Joh 15,15).
> »... ich bin bei euch alle Tage bis zum Ende der Welt« (Mt 28,20).
> »Wie ein Vater sich seiner Kinder erbarmt, so erbarmt sich der Herr über alle, die ihn fürchten« (Ps 103,13).

Wenn Gott nicht möchte, daß sich seine Kinder fragen müssen, ob sie geliebt werden oder nicht, warum zeigen wir dann nicht regelmäßig unsere Zuneigung gegenüber unserer Familie, unseren Freunden und Kollegen, so daß sie wissen, was wir für sie empfinden?

Was geschieht, wenn wir hartherzigen Menschen anfangen, die Menschen mit Gottes Augen zu betrachten, in ihre Haut zu schlüpfen und sie so zu behandeln, wie Jesus uns behandelt? Die Folgen sind unglaublich. Nach dem ersten Schock werden Ehepartner und Kinder vor Freude begeistert sein. Unsere Kollegen werden den Kopf schütteln und sagen:»Die ganze Atmosphäre hier hat sich geändert – ich frage mich, was mit dem alten Hans Hartherz passiert ist?« Oberflächliche Freundschaften werden zu tiefen, herzlichen geschwisterlichen Beziehungen. Unsere Kirchen werden ihre Wirksamkeit vervielfachen, da die Menschen entdecken, daß sie dort Liebe finden, wo Christus angebetet wird.

Dank sei Gott für die Menschen, die von Natur aus einfühlsam sind. Ohne sie wäre unser Leben trostlos und unerfüllt. Danke auch, daß wir alle nach den ersten Schritten hin zu einer wunderbaren Empfindsamkeit erst richtig loslaufen können – auch die, die nie zuvor Mitleid empfunden haben.

Kapitel 7

Beharrliche Liebe – auf der Wahrheit bestehen

Wer sprach die folgenden barschen Worte?

>»Weh euch, ihr Schriftgelehrten und Pharisäer, ihr Heuchler!«
>
>»Blinde Führer seid ihr: Ihr siebt Mücken aus und verschluckt Kamele.«
>
>»Ihr haltet Becher und Schüsseln außen sauber, innen aber sind sie voll von dem, was ihr in eurer Maßlosigkeit zusammengeraubt habt.«
>
>»Ihr seid wie die Gräber, die außen weiß angestrichen sind und schön aussehen; innen aber sind sie voll Knochen, Schmutz und Verwesung.«
>
>»Ihr Nattern, ihr Schlangenbrut! Wie wollt ihr dem Strafgericht der Hölle entrinnen?«

Wahrscheinlich erkennen Sie die Worte Jesu, dem gütigen Hirten, dem einfühlsamen, sanften und bescheidenen Erlöser (Mt 23,13-33). Wie konnte er so hart Menschen ansprechen, von denen er behauptete, daß er sie liebte? Warum hat er diese harten Worte benutzt?

Jesus sagte diese Dinge, weil sie wahr waren. Seine Worte waren bestürzend, schwer zu akzeptieren und hart zu ertragen – aber wahr. Die Wahrheit muß häufig direkt gesagt werden, ohne der Verwirrung oder Fehlinterpretation Raum zu geben, um einen größeren Schaden, nämlich die Lüge, zu verhindern. Jesus verspürte ein überwältigendes Wohlwollen den Menschen gegenüber, die er ansprach. Er liebte sie, und er wollte, daß sie sich mit der Wahrheit auseinandersetzten, ehe sie ihr Leben ruinierten und die Ewigkeit aufs Spiel setzten. Jesus zeigte *beharrliche Liebe* – eine Form der Liebe, die unter normalen Umständen schmerzhaft, aber sehr machtvoll ist.

Im Laufe der Jahre habe auch ich mein Päcklein zu tragen gehabt:

- »Billy, geh in dein Zimmer. Du bekommst heute kein Abendessen. Fehler sind eine Sache, Lügen eine andere.«
- »Das nächste Mal, wenn du so mit deiner Mutter sprichst, wirst du dich nach einer eigenen Wohnung umsehen müssen.«
- »Du weißt, daß ich dich liebe, aber ich werde dich nicht heiraten. Du bist nicht reif genug.«
- »Nennst du das eine Ehe? Ich nenne es einen Witz, und ich werde mich nicht weiter von dir wie die Post von gestern behandeln lassen.«
- »Warum habe ich das Gefühl, nicht anderer Meinung sein zu dürfen? Hast du immer recht?«

Ich könnte diese Liste endlos fortsetzen. Es kommt die Zeit, da die Wahrheit gesagt werden muß – und zwar direkt. Glücklicherweise haben mich manche Menschen so sehr geliebt, daß sie nicht zuließen, daß ich weiterhin rebellisch, betrügerisch oder arrogant handelte. Also krempelten sie sich die Ärmel hoch, führten mich zum Holzschuppen und konfrontierten mich mit einigen meiner unangenehmen Eigenschaften, die meinem Charakter schadeten und die Freundschaft aufs Spiel setzten. Das verstehe ich unter beharrlicher Liebe. Und ich liebe diese Menschen, die sie bei mir anwandten.

Empfindsame Menschen und beharrliche Liebe

Zartfühlende Liebe ist in dieser hartherzigen Welt bitter nötig. Wir haben Mitgefühl, Feingefühl, Bestätigung und Ermutigung sehr nötig. Aber ohne das Pendant *beharrliche Liebe* kann die zartfühlende Liebe schnell zu einer wehleidigen Sentimentalität werden, die den Weg für eine Enttäuschung ebnet und schließlich zum Bruch einer Beziehung führt.

Für warmherzige Menschen klingt *beharrliche Liebe* unnatürlich, beängstigend und vielleicht sogar unchristlich. Zugegebenermaßen fällt sie denen leichter, die von Natur aus hart sind. Wenn wir kühle und distanzierte Menschen bei jemandem, den wir lieben, ein Problem sehen, zögern wir nicht, hinzugehen und daran zu arbeiten. Wir sagen einfach:»Was wir hier nötig haben, ist ein Chirurg. Also laßt uns diesen Kerl hinlegen und mit einem Skalpell seine oberflächlichen Entschuldigungen wegschneiden und direkt zum Herzen vordringen. Und falls wir nicht umhin können, ein wenig Blut zu vergießen, nehmen wir das in Kauf, solange wir das Problem packen können. Wir werden die Wunde später wieder vernähen. Wenn er die Operation überlebt, wird er uns später dafür danken.«

Weichherzige Menschen haben spätestens bei diesem letzten Abschnitt einen Kloß im Hals. Sie sagen sich:»Ein Skalpell und Blut? Ich möchte niemals zusehen, wenn so etwas eintrifft, geschweige denn, daß ich selber in die Lage käme, einen solchen Eingriff vorzunehmen. Alles, was ich möchte, ist Friede und Harmonie. Vielleicht lösen sich die Probleme aufgrund vieler Umarmungen von selbst und der Schmerz hört auf.« Gott würde zu diesen feinfühligen Menschen sagen:»Ich verstehe euren zartfühlenden Geist – ich habe euch so geschaffen. Aber wenn ihr lernen wollt, wirklich zu lieben, dann müßt ihr die beharrliche Liebe auch kennenlernen.«

Wer benötigt beharrliche Liebe?

Einer meiner Kollegen ist ein treues Clubmitglied der zartfühlenden Herzen. Er sagt, er hätte nichts von beharrlicher Liebe gewußt, bis ihm einige seiner christlichen Brüder in den vergangenen Jahren eine Lektion dieser Seite der Liebe erteilt hätten. Als er vor einigen Monaten hörte, daß ich mich auf eine Predigt über beharrliche Liebe vorbereitete, schrieb er mir folgendes:»Sag diesen weichherzigen Menschen folgendes: Wenn meine Brüder mir nicht mit liebevoller Strenge begegnet wären, hätte ich keine bewährte Beziehung zu meiner Frau, keinen wirkungsvollen Dienst und keinen disziplinierten Weg mit Jesus. Ich hätte den Haß nicht gegenüber der Sünde kennengelernt, keinen Respekt gegenüber den

Menschen, die ich leite, meine Schulden nicht bezahlt und kein Geld auf der Bank. Nur aufgrund der kompromißlosen, starken Liebe erhielt ich all diese Dinge. Jeder benötigt auf seine Weise Unterweisung in der so verstandenen Liebe.«

Wo ich auch hingehe, sehe ich Menschen, die die Erfahrung der beharrlichen Liebe machen müssen – wertvolle Menschen, die Gott wirklich viel bedeuten, aber denen vor lauter Irreführung schwindlig ist. Ich sehe Ehepaare mit ernsthaften Problemen, junge Menschen, die ihr Glück auf die Spitze treiben, oder andere, die im Ödland der zerstörerischen Suche nach Vergnügen umherirren. Zu viele von uns, die sich selbst ähnlich wie diese Menschen zerstören, kauen an den Fingernägeln und sagen nichts, weil sie diese eindeutige, ernste Liebe nicht verstanden haben.

Es bedarf einer Person, die jene wachrüttelt und sagt: »Gott hat einen besseren Weg für dich. Steig aus dem Karussell aus und suche nach seiner Führung.« Jemand ist nötig, der ihnen zuruft: »Ich liebe dich viel zu sehr, um zuzusehen, wie du dein Leben, deine Ehe, deine Familie, deinen Beruf und deine Seele zerstörst. Setze dich also hin und höre mir zu, weil ich dir einige harte Dinge sagen werde. Ich mache das nicht gerne, aber ich muß es, weil diese Dinge wahr sind und weil ich dich viel zu sehr liebe, um schweigend mit ansehen zu können, wie du dich selbst verletzt.«

Um beharrliche Liebe zu verstehen und sie einzusetzen, muß man zwei grundlegende Überzeugungen teilen. Erstens ist es unerläßlich, zu glauben, daß *es wichtiger ist, die Wahrheit zu sagen, als Frieden zu bewahren.* Zweitens muß man erkennen, daß *das Wohlergehen des anderen wichtiger ist als das gegenwärtige Wohlbefinden in der Beziehung.*

Die Wahrheit sagen oder Frieden wahren

Weichherzige Menschen werden unglaubliche Dinge leisten, um irgendeine Form von Ärger oder Unruhe in einer Freundschaft zu vermeiden. Wenn in einer Ehe kleinere Spannungen auftreten und ein Partner den anderen fragt: »Stimmt etwas nicht?«, wird der Gutmütige antworten: »Nein, es ist alles in Ordnung!« Was der Friedfertige in Wirklichkeit sagt, ist: »Es stimmt etwas nicht, aber ich möchte keine Szene machen.« Entscheidet man sich, Frieden zu wahren, anstatt die Wahrheit zu sagen, könnte man meinen, sich besonders vorbildlich zu verhalten. In Wirklichkeit ist man auf dem Holzweg. Was auch immer die Spannung verursachte – sie wird erneut auftreten. Es wird immer schwieriger, Frieden zu wahren. Allmählich beginnt sich bei denen eine Enttäuschung breitzumachen, die Frieden wahren möchten, was zunächst zu Ärger, dann zu Bitterkeit und schließlich zu Haß führt. Beziehungen können am Ende sein, während alles nach außen hin friedfertig aussieht!

Frieden um jeden Preis ist eine Form der Täuschung aus dem Abgrund der Hölle. Wenn man weiß, daß man die Wahrheit sagen muß, flüstert einem das Böse zu: »Tu es nicht. Dein Gegenüber wird es erst gar nicht annehmen. Es wird die Sache nur noch schlimmer und unangenehmer machen. Das ist es nicht wert.« Wenn man diesen Lügen Glauben schenkt, wird man mit großer Wahrscheinlichkeit früher oder später die Beziehung zerstören.

Im Epheserbrief Kapitel 4, Vers 25 gibt Jesus Christus einen Befehl, der weichherzige Menschen bis in die Knochen erzittern läßt:

> »Legt deshalb die Lüge ab, und redet untereinander die Wahrheit; denn wir sind als Glieder miteinander verbunden.«

Zuerst müssen wir aufhören, uns gegenseitig zu belügen. Dann müssen wir – »von der Liebe geleitet«, wie Paulus in Vers fünfzehn schreibt – die Wahrheit sagen. Es erfordert Mut, die Wahrheit auszusprechen, wenn man weiß, daß dies Wellen schlagen und Aufruhr verursachen wird. Aber alles andere – außer der Wahrheit – wird im Laufe der Zeit die Ehrlichkeit unserer Beziehung zerstören. Eine Beziehung, die auf der Wahrung von Frieden gegründet ist, wird nicht von Dauer sein. Beharrliche Liebe entscheidet sich, noch vor dem Bewahren des Friedens die Wahrheit auszusprechen, und vertraut Gott das Ergebnis an.

Vorgetäuschter Frieden

In den frühen Jahren unserer Ehe wählten sowohl Lynne als auch ich den Weg, Frieden zu wahren, anstatt die Wahrheit zu sagen. Ich gründete eine Gemeinde und sah mich mit einigen Schwierigkeiten konfrontiert: ohne Geld und Mitarbeiter, selbst ohne Gebäude, und darüber hinaus gab es viele Meinungsverschiedenheiten derer, die am Projekt beteiligt waren. Lynne selbst hatte zu Hause auch Probleme. Sie war schwanger und versorgte zwei Leute in unserem Haus, die sehr viel von ihrer Zeit in Anspruch nahmen. Außerdem gab sie Flötenstunden, um finanziell über die Runden zu kommen. Mit den Schwierigkeiten sowohl zu Hause wie auch bei der Arbeit hatten wir ein stilles Abkommen, wann immer wir zusammenkamen: »Nicht noch zusätzlichen Wirbel veranstalten!« Dennoch machte sich bei uns die Frustration breit.

Gott begann in Lynnes Herz zu wirken. Bald begann meine sanftmütige Frau mich an der Türe abzufangen und zu sagen: »Setze dich hin, ich muß dir etwas erzählen. Ich war nicht ehrlich zu dir. Ich bin es leid und müde, auf deiner Prioritätenliste an zehnter Stelle zu stehen. Du erweist mir nicht viel Zuneigung. Es gefällt mir nicht, wie sich unsere Ehe entwickelt; ich werde das nicht länger akzeptieren.«

Ich habe nicht besonders gut reagiert. Ich habe nicht gesagt: »Ich bin froh, zu hören, was dir auf dem Herzen liegt. Ich werde meinen Zeitplan ändern und beginnen, über deine und meine Bedürfnisse nachzudenken.« Statt dessen schrie ich: »Mit all meinen Problemen, die durch den Aufbau dieser Gemeinde kommen – wirfst du mir diesen Fehler vor! Was willst du überhaupt?«

Trotz meiner Reaktion gab Lynne nicht auf. Sie wußte, daß an unserer Ehe gearbeitet werden mußte, und sie entschloß sich, so lange zu kämpfen, bis ich die Wahrheit erkennen würde. Über die Jahre hinweg gebrauchte Gott Lynnes beharrliche Liebe, bis ich der Wahrheit bezüglich meiner Person ins Auge sah und ihm erlaubte, mich zu operieren.

Aber dann, als ich einmal begonnen hatte, Lynne zuzuhören und an meinen Problemen zu arbeiten, stellte ich einige Dinge an ihr fest, mit denen ich nicht länger leben wollte. Da ich den Wert, die Wahrheit zu sagen, schätzen gelernt hatte, entschloß ich mich dazu, mich zu öffnen. »Liebling«, sagte ich, »ich sehe einen Anflug von Selbstsucht in deinem Leben, der mich stört.«

Die reizende, gütige Lynne erwiderte nicht: »Danke, daß du mir deine Gefühle mitgeteilt hast.« Statt dessen lief sie weinend davon und schrie: »Ich kann es nicht glauben, daß du so etwas sagst!« und knallte die Schlafzimmertür zu. Aber ich gab nicht nach, und wir hatten noch einige schwere Monate. Schließlich veränderte sich einiges bei ihr so, wie ich es hatte machen müssen, und unsere Ehe wurde wieder harmonisch. Aber diesmal war es anders. Dies war kein vorgetäuschter Frieden, der darauf gegründet war, gewissen Dingen aus dem Weg zu gehen. Dies war der Friede des Herrn – wahrhaftig, ehrlich und beständig.

Wohlergehen oder Bequemlichkeit

Um so zu lieben, wie Jesus liebt, muß man an erste Stelle das Verlangen nach Wahrheit stellen, an die zweite den Willen nach Frieden. Ebenso muß man das Wohlergehen des anderen vor die Bequemlichkeit in einer Beziehung setzen.

Stellen Sie sich vor, eine Mutter schaut aus dem Wohnzimmerfenster zu ihrem dreijährigen Sohn, der auf dem Weg mit seinem Dreirad fährt. Ihr Herz ist voller Liebe, und sie geht in die Küche. Sie schenkt ein Glas Limonade ein und bringt es ihm nach draußen. Nachdem er es getrunken hat, hebt sie ihn hoch, umarmt ihn und sagt ihm, wie sehr sie ihn liebt. Der kleine Kerl fühlt sich wunderbar. Aber während die Mutter in die Küche zurückkehrt, um das Glas zu spülen, geht er zurück zu seinem Dreirad und fährt direkt auf die Straße, von der man ihm gesagt hatte, daß er niemals dort fahren dürfe. Die Mutter schaut genau in dem Augenblick aus dem Wohnzimmerfenster, als ein Volvo quietschend bremst und dann vorsichtig um ihren kostbaren Sohn herumfährt. Sie stürmt aus dem Haus, rennt auf die Straße und nimmt den Jungen und das Dreirad. Sobald sie wieder in Sicherheit ihres eigenen Hofes sind, beginnt sie ihn anzuschreien und zu verhauen.

Das Kind fragt sich, was mit seiner Mutter los ist. Es hat Schizophrenie im Verdacht, will aber nichts sagen. Seine Reaktion ist auch nicht der springende Punkt – sein Leben steht auf dem Spiel. Das Verhalten seiner Mutter besagt: »Diese glückliche Zeit vor fünf Minuten mit der Limonade und den Umarmungen ist jetzt eine weit zurückliegende Erinnerung, weil wir es mit Leben und Tod zu tun haben. Dein Wohlergehen ist viel wichtiger als herzliche Gefühlsausbrüche.«

Eine der besten Definitionen, die ich für *beharrliche Liebe* kenne, ist: *Handeln für das Wohlergehen des anderen, den man liebt.* Wir brauchen mehr Menschen, die andere mit solcher Hingabe lieben, daß sie ihre gegenwärtige Bequemlichkeit in der Beziehung aufs Spiel setzen und sagen, was auch immer gesagt werden muß, um das Wohlergehen des anderen zu schützen.

- »Ich liebe dich so sehr, daß ich nicht schweigend zusehen kann, wie du dich zu Tode arbeitest.«
- »Ich liebe dich so sehr, daß ich nicht vorgeben will, glücklich zu sein, während du deinen Körper ruinierst, weil du falsch ißt, dich nie bewegst, zu viel trinkst oder rauchst.«
- »Ich liebe dich so sehr, daß ich dich davor warnen muß, daß du in Bars nicht das finden wirst, wonach du suchst.«
- »Ich liebe dich so sehr, daß ich dir sagen muß, daß du nicht länger in dieser Position meiner Firma bleiben kannst. Es scheint dich zu zerstören, und das kann ich nicht zulassen.«

Ich bin einmal zu einem guten Freund gegangen, als ich sah, daß sein Leben eine schlechte Wende nahm. Ich lud ihn in ein Restaurant ein und sagte: »Ich möchte nicht versuchen, dein Leben in die Hand zu nehmen, aber ich mache mir Sorgen, was es für einen Lauf nimmt.« Er war so zornig, daß er beinahe über den Tisch sprang, um mir die Augen auszukratzen. Als Mann von Heldenmut, der ich bin, sah ich ihm in die Augen und sagte: »Entschuldige, ich werde das nie wieder erwähnen.« Ich tat es auch nicht, und er zerstörte sein Leben. Ich sehe diesen Freund gelegentlich und habe noch oft zu ihm gesagt: »Ich habe dich im Stich gelassen. Ich hätte dir auf den Fersen bleiben sollen. Ich hätte sagen sollen: ›Springe über den Tisch und prügle mich, wenn es dir danach besser geht, aber ich werde dir immer wieder sagen, daß ich mir um deine Zukunft Sorgen mache‹«. Vielleicht hätte Gott mich gebrauchen können, wenn ich ein wenig hartnäckiger gewesen wäre.

Jedesmal, wenn Sie zugunsten des Wohlbefindens eines anderen Schritte unternehmen, wird es zunächst riskant. Mit der Behaglichkeit in Ihrer Beziehung könnte es jäh vorbei sein. Schließlich folgt der Erfolg jedoch auf liebevoll ausgesprochene, wahre Worte besonders dann, wenn die Beziehung grundsätzlich reif und gesund ist. Das Hindernis Ihrer Beziehung wird zu einem Baustein, und Sie beide werden ein neues Verständnis finden, neue Verpflichtungen eingehen und ein tieferes Vertrauen aufbauen. Aber wir alle wissen, daß es viel einfacher ist, über beharrliche Liebe zu schreiben oder etwas über sie zu lesen, als sich tatsächlich hinzusetzen und mit jemandem ein offenes Gespräch zu führen. Menschen gegenüberzutreten kann beängstigend sein.

Der »Bananenraum«

Mein Vater besaß eine Obst- und Gemüsefirma in Kalamazoo, Michigan. Wir hatten eine lange Lohnliste: harte Dockarbeiter, viele über ihren Durst trinkende Lastwagenfahrer, behutsame Verkaufsleute und tüchtige Geschäftsführer. Wie bei einer derartigen Zusammenstellung von Menschen zu erwarten ist, gab es große zwischenmenschliche Probleme.

Ich weiß nicht, wie alles anfing, aber selbst als ich noch ein kleiner Junge war, beobachtete ich, daß immer dann, wenn ein Problem zwischen zwei Angestellten gelöst werden mußte, der Bananenraum aufgesucht wurde. Manchmal sagte mein Vater oder einer der anderen Eigentümer zu jemandem: »Ich muß mich mit dir im Bananenraum treffen.« Manchmal packte ein Vorarbeiter einen Dockarbeiter, und sie verschwanden in diesem Raum.

Der Bananenraum war ein gekühlter Raum, in dem bis zu achthundert Bananenkisten standen. Er war vollkommen abgeschlossen und hatte eine zehn Zentimeter dicke Eisentür, so daß von außen niemand hören konnte, was drinnen vor sich ging. Vielleicht war das der Grund, warum jedesmal jeder zitterte, wenn eine Aufforderung kam, in den Bananenraum zu gehen. »Oh nein – nicht der Bananenraum!« Es ist niemals ein Mensch im Bananenraum umgekommen, und häufig sind die Betreffenden nach einer Diskussion in diesem Raum lächelnd, Arm in Arm wieder herausgekommen. Dennoch fürchteten alle den Bananenraum. Die offene Aussprache unter vier Augen dort jagte ihnen einen Schrecken ein.

Die meisten von uns ziehen es vor, einer Gegenüberstellung aus dem Weg zu gehen. Wir empfinden eine starke Abneigung gegenüber der Methode, die Gott dazu erwählt hat, wahren Frieden zwischen den Menschen wiederherzustellen! Im Matthäusevangelium Kapitel 18, Vers 15 sagt Jesus: »Wenn dein Bruder sündigt, dann geh zu ihm und weise ihn unter vier Augen zurecht. Hört er auf dich, so hast du deinen Bruder zurückgewonnen.« Sperren Sie

Ihre Gefühle nicht in eine Kammer ein. Schlucken Sie Ihre Enttäuschung nicht einfach runter. Seien Sie statt dessen hartnäckig. Vereinbaren Sie ein Gespräch unter vier Augen und versuchen Sie Ihre Differenzen zu lösen.

Wie lerne ich Beharrlichkeit?

Aber ehe Sie ein Treffen vereinbaren, um mit jemandem offen und deutlich zu sprechen, ist es wichtig, daß Sie sich vorbereiten. Erst einmal müssen Sie *das Problem klären*. Was verursacht eigentlich die Spannung in Ihrer Beziehung? Handelt es sich um eine Mücke oder einen Elefanten? Sind die Schwierigkeiten vorübergehend oder langfristig? Nehmen Sie sich Papier und Bleistift und schreiben Sie auf, was Ihrer Meinung nach die Wurzel des Konflikts darstellt, den Sie in der Beziehung spüren.

Zweitens empfehle ich: *Reinigen Sie Ihren Geist*. Jesus sagt im Matthäusevangelium Kapitel 7, Verse 3-5:

>»Warum siehst du den Splitter im Auge deines Bruders, aber den Balken in deinem Auge bemerkst du nicht? Wie kannst du zu deinem Bruder sagen: Laß mich den Splitter aus deinem Auge herausziehen! – und dabei steckt in deinem Auge ein Balken? Du Heuchler! Zieh zuerst den Balken aus deinem Auge, dann kannst du versuchen, den Splitter aus dem Auge deines Bruders herauszuziehen.«

Mit anderen Worten, wenn Ihnen nach Kritik, Zorn oder Verurteilung zumute ist – wenn Sie es kaum erwarten können, hinzugehen und Verwüstung anzurichten – seien Sie vorsichtig! Eine offene Aussprache, die in dieser Haltung geführt wird, stellt den Frieden nicht wieder her. Geben Sie, bevor Sie Ihren Freund oder Ihre Freundin anrufen, Ihren Geist Gott hin. Sagen Sie:»Gott, ich bin jetzt noch nicht bereit. Ich bin zu aufgebracht. Ich möchte mich beruhigen und die Dinge ins rechte Licht rücken. Ich benötige deinen Heiligen Geist, damit ich niemanden verletze.«

Und als dritten Hinweis rate ich Ihnen: *Suchen Sie sich den Zeitpunkt und den Ort des Treffens sorgfältig aus*. Die Frau eines Fußballspielers sollte ein bedeutungsvolles Gespräch nicht ausgerechnet in der Halbzeit des Viertelfinales planen. Ebenso sollte ein Mann von seiner Frau nicht erwarten, daß sie aufmerksam zuhört, während sie das Abendessen zubereitet, das Baby schreit und die zwei anderen Kinder sich im Nebenzimmer gerade bis auf den Tod prügeln. Planen Sie das Treffen, wenn Sie beide körperlich erholt sind, niemand in Eile ist und Sie ungestört sein können.

Und viertens ist es wichtig, daß *Sie beten*. Gott vollbringt erstaunliche Dinge, wenn wir ihn darum bitten.

Beharrlichkeit entbehrt kein Feingefühl

Wenn Sie sich angemessen auf eine Auseinandersetzung vorbereiten, haben Sie die Schlacht schon halb gewonnen. Die andere Hälfte gewinnen Sie, wenn Sie die offene Aussprache feinfühlig führen. Es folgen drei Schritte, die Ihnen helfen werden, Ihr Anliegen deutlich zu machen. Sie garantieren nicht innigen Dank und warmherzige Gefühle der anderen Seite, aber sie werden Ihnen die besten Voraussetzungen schaffen, damit man Ihnen zuhört und Sie achtet.

Als erstes *beginnen Sie mit einer ehrlichen Aussage über Ihre Hingabe an die Beziehung*. Wenn Sie mit Ihrem Ehepartner sprechen, sagen Sie ihm, daß Ihnen Ihre Ehe die wichtigste Beziehung der Welt ist und daß Sie möchten, daß sie noch besser wird. Wenn Sie mit einer Freundin sprechen, sagen Sie ihr, wie sehr Sie die Freundschaft schätzen. Teilen Sie in einer beruflichen Situation Ihrem Vorgesetzten zunächst mit, daß Sie gerne für ihn arbeiten. Lassen Sie in jedem Fall die betreffende Person wissen, daß Sie kein Ultimatum stellen, sondern lediglich versuchen, ein Problem zu lösen.

Beim zweiten Schritt *geben Sie eine vorsichtige und keine anklagende Erklärung des Problems aus Ihrer Sicht*. Vermeiden Sie es, zu sagen: »Du machst immer ...« oder »Du machst nie ...« Wenn Sie sagen: »Du bist nie zu Hause, Frank«, wird er antworten: »Du bist im Unrecht. Vor zwei Jahren am vierten Februar war ich zu Hause. Du übertreibst völlig.« Aber wenn Sie sagen: »Frank, ich fühle mich so einsam. Ich fühle mich vernachlässigt. Ich fühle mich enttäuscht und verwirrt«, wird er eher zuhören. Vielleicht sind Sie verrückt, daß Sie bestimmte Gefühle haben, aber er kann kaum leugnen, daß Sie welche haben. Stellen Sie das Problem so behutsam wie möglich dar und verwenden Sie »Ich fühle«-Aussagen wann immer es geht.

Der dritte Punkt lautet: »*Laden Sie zum Dialog ein*!« Wenn Sie Ihr Herz ausgeschüttet haben, fragen Sie: »Liege ich da ganz falsch? – Ist mein Standpunkt klar? – Habe ich etwas vergessen? – Bin ich überempfindlich?« Als Pastor werde ich regelmäßig herausgefordert. Wenn ich bei dem Herausforderer eine offene Haltung spüre, über die Sache zu reden, kann normalerweise etwas erreicht werden. Aber wenn jemand seine Anklage so beendet: »Also dann – ich werde dir einen Anruf gestatten, bevor ich dir den Kopf abschlage«, befinde ich mich in einer Abwehrhaltung. Es ist schwer, sich mit jemandem auszusöhnen, der sich so verhält.

Die Folgen beharrlicher Liebe

Mit dem Wissen um die große Bedeutung der beharrlichen Liebe haben Sie sich sorgfältig auf eine offene Aussprache vorbereitet und sie weise und beherrscht geführt. Was können Sie nun erwarten?

Ich wünschte, ich könnte Ihnen gewährleisten, daß die Menschen, die Sie lieben, sagen werden: »Danke, daß du mich darauf aufmerksam gemacht hast.« Aber diese Reaktion ist unwahrscheinlich. Wahrscheinlicher ist, daß eine Tür geknallt, ein Kündigungsschreiben überreicht wird oder daß wütende Worte geäußert werden. Es könnte sein, daß Sie sich zum Schluß ärgern. Aber wenn Ihre Beziehung auf einer Täuschung beruht, stecken Sie ohnehin schon in großen Schwierigkeiten. Nehmen Sie also das Risiko auf sich und warten Sie ab, was Gott unternimmt.

Höchstwahrscheinlich nimmt die betreffende Person schließlich Ihre Worte doch ernst und Ihre Beziehung wird erneut gefestigt. Es ist schwer, jemandem Widerstand zu leisten, der demütig und verletzlich ist. Dies geschieht nicht immer gleich. Es sind mehrere Auseinandersetzungen bisweilen nötig, ehe die Sache abgeschlossen ist, und manchmal wird eine Beziehung zunächst schlechter. Manche Menschen entschuldigen anhaltende Feindseligkeit. Sie sagen: »Nun, ich habe es einmal versucht, aber der andere wollte mir nicht zuhören.« Doch wenn die Beziehung über Monate oder Jahre hinweg immer gespaltener wird, sind für eine Aussöhnung möglicherweise viele Anläufe nötig. Es ist unrealistisch, anzunehmen, in einer Stunde die Arbeit von zehn Jahren erledigen zu können. Leider lehnt es die betreffende Person trotz unserer Anstrengungen manchmal ab, uns zuzuhören, und es sieht so aus, als ob unsere Beziehung schlechter sei als vorher. Suchen Sie in diesem Fall nach einem Vermittler. Wählen Sie jemanden aus, dem Sie beide Vertrauen und Respekt entgegenbringen, und lassen Sie sich von dieser Person bei der Verständigung helfen. Ich empfehle dies besonders, wenn Alkohol oder Drogen im Spiel sind. Das Heranziehen eines Vermittlers kann sehr hilfreich sein, wenn man alleine nicht mehr weiterkommt.

Aber wir müssen auch der Tatsache ins Auge sehen, daß in manchen Fällen beharrliche Liebe dauerhafte Trennung bringt. Paulus sagt:

»Soweit es euch möglich ist, haltet mit allen Menschen Frieden!« (Röm 12,18).

Doch manchmal ist es eben nicht möglich. Aus welchem Grund auch immer trennen sich Menschen und gehen ihre eigenen Wege. Wenn Beziehungen zu Ende gehen, bricht es Gott das Herz. Hingegen bedeutet dies bisweilen Leben in dieser sündigen Welt; wenn es passiert, bekennen wir unsere Sünden, rappeln uns auf und setzen mit Gottes Gnade und der Hilfe unserer Freunde den Lebensweg fort.

Zu viele von uns geben jedoch auf, wenn eine Beziehung beginnt, brüchig zu werden. Sie haben nicht einmal den Versuch eines Kampfes unternommen. Wir kämpfen und gehen bis vors Gericht, um Besitz zu verteidigen, aber wenn Beziehungen sterben, weinen wir vielleicht am Ende noch ein wenig. Das ist rückständiges Denken. Beziehungen sind es wert, daß man um sie kämpft. Liebe muß hartnäckig genug sein, um sie nicht aufzugeben.

Jesu Liebe für uns ist die zärtlichste Liebe, die wir uns nur vorstellen können. Er starb, um uns von unseren Sünden zu erlösen und uns ewiges Leben mit ihm zu schenken. Er führt uns, schützt uns, tröstet uns und nährt uns mit seinem Wort. Aber Jesu Liebe ist auch die hartnäckigste Liebe, der wir je gegenüberstehen. Er kennt unsere Herzen und zögert nicht, uns auf unsere Sünde aufmerksam zu machen. Er besteht auf der Wahrheit, wie schmerzhaft sie auch sein mag. Er liebt uns viel zu sehr, um zuzulassen, daß wir ungehindert einen Weg der Selbstzerstörung gehen.

Wahre Liebe ist immer beides, weichherzig und unnachgiebig. Möge Gott uns das Feingefühl schenken, zu wissen, wann wir die jeweilige Form der Liebe zeigen sollen, und uns den Mut geben, das zu tun, was immer die Liebe verlangt.

Kapitel 8

Aufopfernde Liebe – geben, nicht nehmen

Über die Liebe werden viele seltsame, bisweilen poetische Dinge gesagt. Sie sei hell und glänzend, eine Blume, eine Rose, ein frei fließendes Gefühl der Wohltat, guter Wille gegenüber allen Menschen und eine glänzende Gelegenheit, den Nöten anderer zu begegnen, was in einem wundersamen Band der Wechselseitigkeit enden wird. Aus heutiger Sicht ist es nicht wichtig, was ich in eine Beziehung einbringen kann, sondern was sie mir bringt.

Aus heutiger Sicht klingt das Gleichnis des barmherzigen Samariters nicht gerade wie eine Liebesgeschichte. Mit wenigen Änderungen jedoch wäre es möglich. Ersetzen Sie den verwundeten Reisenden durch eine kurvenreiche Blondine, die hilflos bei ihrem roten Porsche steht, der einen Platten hat. In dieser nacherzählten Geschichte sind Sie als Samariter in der Lage, den Reifen zu wechseln, ohne dabei schmutzige Hände zu bekommen oder Ihren Anzug zu beschmutzen. Natürlich steht die Frau neben Ihnen und bewundert Ihre Fähigkeiten und Ihre Stärke. Wenn der Reifen gewechselt und das Werkzeug verstaut ist, gibt sie Ihnen fünf neue Einhundert-Dollar-Scheine, einen feuchten Kuß auf die Lippen und sagt: »Ich weiß nicht, wie ich Ihnen danken kann.«

Irgendwie sieht die Liebe bei mir nie so aus. Das wirkliche Leben entspricht viel mehr der ursprünglichen Geschichte. Ich fuhr beispielsweise einmal bei zwanzig Grad unter Null in einem arktischen Sturm von meinem Training in der Turnhalle nach Hause, als ich sah, wie eine Frau mittleren Alters in einem schmutzigen Toyota von der Straße abkam und in eine Schneewehe geschoben wurde. Ich beabsichtigte, an ihr vorbeizufahren. Ich hatte noch einige Dinge zu erledigen, einige Leute zu treffen und noch einige Stellen aufzusuchen; ohne auf meine nassen Haare, die geputzten Schuhe und die Tatsache hinzuweisen, daß ich weder Hut noch Handschuhe dabei hatte. Aber ich hörte die überzeugende Stimme des Heiligen Geistes, wie er »Liebe« sagte, und drehte widerwillig um und fuhr zurück.

Der Kofferraum der Frau war voller Bücher und Kleidungsstücke, so daß ich Mühe hatte, den Wagenheber zu finden. Als ich ihn schließlich fand, rätselte ich, wie man ihn wohl bediente. Als ich endlich dahinterkam, waren meine Finger bereits an ihm festgefroren. Und als ich das Auto hochgekurbelt hatte, entdeckte ich, daß kein Schraubenschlüssel im Kofferraum war. Glücklicherweise hatte die Frau einen Bekannten, der nur drei Blocks entfernt wohnte. So weit konnten wir fahren, und während sie dort eine Tasse heiße Schokolade trank, blieb ich in der ungeheizten Garage, um die Arbeit zu beenden. Sie dankte mir und fuhr weg. Und ich schleppte meinen vor Kälte erstarrten Körper zu meinem Auto, fuhr nach Hause und fragte mich, als mein Gehirn wieder auftaute: »Wo ist dieses wundersam glänzende Ding, von dem man singt? Wenn ich es je finde, bringe ich es um.«

Liebe ist ein Opfer

Ich habe herausgefunden, daß *Liebe* der Arbeit viel näher kommt als dem Spiel. Sie hat viel mehr damit zu tun, ein Diener zu sein und kein Held. Wenn ich die Aufgabe *Liebe* ernst nehme, gebe ich zuletzt meistens etwas, anstatt zu empfangen. Liebe kostet mich unbedingt etwas; in der Regel die drei Dinge, die mir am wertvollsten sind – meine Zeit, meine Energie und mein Geld. Ich kann mich nur schwer von diesen Dingen trennen, weil sie mir nur begrenzt zur Verfügung stehen.

Sagen Sie mir, wie man Liebe zeigen kann, ohne Zeit, Energie oder Geld zu investieren, und ich werde grenzenlos glücklich sein. Sagen Sie mir jedoch, daß Liebe Opfer bedeutet, dann werde ich mich nur zögernd hingeben. Vielleicht kommt das daher, daß viele Christen den Aspekt des Spaßes, der Gemeinschaft und der Erfüllung zu sehr betonen, ohne das Opfer zu erwähnen. Es ist höchste Zeit, den falschen Glanz, den die Welt – und manchmal auch die Kirche – der Liebe angehängt hat, abzulegen. Es ist an der Zeit, die Wahrheit zu sagen: *wahre Liebe opfert sich auf.* Der bekannteste Vers der Bibel im Johannesevangelium Kapitel 3, Vers 16 gibt die biblische Definition der Liebe: »Denn Gott hat die Welt so sehr geliebt, daß er seinen einzigen Sohn hingab, damit jeder, der an ihn glaubt, nicht zugrunde geht, sondern das ewige Leben hat.« Weil Gott um das Wohlergehen der Menschen, die ihm wertvoll waren, besorgt war, *gab* er – opferte er – seinen einzigen Sohn; und wenn Sie sich um das Wohlergehen anderer sorgen, müssen Sie normalerweise auch Opfer bringen. Sie müssen vielleicht Ihre Zeit, Ihre Energie oder Ihr Geld investieren. Oder es ist möglich, daß Sie Ihre Pläne, Ihre Unabhängigkeit oder Ihre Privatsphäre aufgeben müssen. Um so zu lieben, wie Gott uns liebt, müssen Sie sich vielleicht wegen anderer von Dingen trennen, die Ihnen äußerst wertvoll sind.

Aufopfernde Liebe ist schwer zu begreifen, weil unsere Gesellschaft genau das Gegenteil lehrt. Wir werden fortwährend mit Artikeln, Radio- und Fernsehsendungen und Werbespots bombardiert, die verkünden: »Du bist die Nummer eins. Kümmere dich allein um dich. Laß dir von anderen nicht die Zeit stehlen. Hebe dir deine Kraft auf, so daß du die Freizeit genießen kannst. Lege Ersparnisse an, so daß du mehr Geld für dich ausgeben kannst. Nur alles für dich allein – das macht glücklich!«

Mir war nicht bewußt, wie sehr ich die heutigen falschen Werte verinnerlicht hatte, bis ich während meines ersten Jahres an der Universität durch die Aussage eines Professors wachgerüttelt wurde: »Wahre persönliche Erfüllung erreicht man nie durch Selbstverwirklichung.«

»Das ist die mutigste, radikalste und der Gesellschaft am wenigsten entsprechende Äußerung, die ich je gehört habe«, dachte ich. »Es widerspricht allem, was mir je beigebracht wurde.« Aber ich erkannte bald, daß es Jesu Lehre nicht widersprach. »Wer mein Jünger sein will«, sagte Jesus, »der verleugne sich selbst, nehme sein Kreuz auf sich und folge mir nach. Denn wer sein Leben retten will, wird es verlieren; wer aber sein Leben um meinetwillen und um des Evangeliums willen verliert, wird es retten« (Mk 8,34-35). »... Wer bei euch groß sein will, der soll euer Diener sein ...

denn auch der Menschensohn ist nicht gekommen, um sich dienen zu lassen, sondern um zu dienen und sein Leben hinzugeben als Lösegeld für viele« (Mk 10,43-45).

Die Welt schreibt Bücher mit Titeln wie *Denke nach und werde reich*. Wenn Jesus für den heutigen Markt schreiben würde, hieße sein Buch vielleicht *Liebe und gib alles hin*. Paradoxerweise findet man Erfüllung und Zufriedenheit, die die Welt zu keinem Zeitpunkt erlebt, wenn man sich Gott hingibt und seinem Volk in aufopfernder Liebe dient.

Aufopfernde Liebe in der Ehe

Lassen Sie uns konkret werden. Wie kann man *aufopfernde Liebe* in der Ehe verwirklichen?

Nach dem Urteil der Welt steigert die Ehe das Lebensgefühl eines jeweiligen Ehepartners erheblich und macht ihn zufriedener und glücklicher. So sollte die Ehe keinen der beiden Partner davon abhalten, sein Leben voll auszukosten. Ein Partner sollte die Bedürfnisse des anderen nicht über seine eigenen stellen; das würde zu einem Verlust seiner Persönlichkeit führen. In solch einer geführten Ehe wird wahrscheinlich ein Machtkampf folgen, sobald ein Ehepartner entdeckt, daß er mehr gibt, als er bekommt. Wenn weder die Ansprüche übereinstimmen noch erfüllt werden können, wird die Ehe oft gelöst.

Die weltliche Sicht der Ehe betont größtmögliches Vergnügen bei geringstem Einsatz. Sie zieht die Möglichkeit einer unheilbaren Krankheit und emotionaler Störung so wenig in Betracht wie selbst die Geburt eines hilflosen und fordernden Babys. Das ist der Grund, weshalb diese Auffassung von der Ehe zu einer unvorstellbar hohen Scheidungsquote geführt hat. Liebe hatte noch nie über längere Zeit ohne Opfer Bestand.

Gottes Weisheit unterscheidet sich vollkommen von der Klugheit und dem Urteil der Welt. In einer biblischen Ehe schaut ein Partner dem anderen in die Augen und sagt:»Ich liebe dich. Das bedeutet, ich gebe mich hin, dir zu dienen, dich aufzubauen und dich aufzuheitern. Ich weiß sehr gut, daß mich das viel Zeit, Energie und Geld kosten wird, aber ich möchte deinen Nutzen meinem voranstellen. Du kommst zuerst.«

In der biblischen Ehe gibt es keinen Machtkampf. Jeder versucht hier, den anderen im Lieben, Segnen und Dienen zu übertreffen. Meine Frau weiß, wie man aufopfernd liebt. Kürzlich führte ich sie zum Abendessen aus, und sie sagte mir:»Ich habe festgestellt, daß die Anforderungen an dein Leben steigen. Vielleicht sollte ich aufhören zu schreiben und mich darauf konzentrieren, dein Leben angenehmer zu machen.«

Obwohl ich versucht war, zu sagen:»Großartig! Und wenn du schon so etwas vor hast, möchtest du bitte noch meinen Rücken kraulen?« Ich hielt mich zurück, weil ich wußte, daß sie mir einen ihrer liebsten Schätze angeboten hatte.»Nein«, sagte ich,»ich will, daß du deine Fähigkeiten entfaltest. Gib das Schreiben nicht auf. Vielleicht sollte ich öfter nein sagen, damit du dich entfalten kannst.« Und das war dort im Restaurant ein Streitgespräch – nicht eines, das zerstört, sondern eines, das aufbaut.

Aufopfernde Liebe ist der Grundstock einer beständigen Ehe, selbst dann, wenn sie zu Auseinandersetzungen in Restaurants führt. Sie ist außerdem der Grundstock tiefer Freundschaft.

Sich für seine Freunde opfern

Die Welt versteht die christliche Sicht von Brüdern und Schwestern nicht. Die Gesellschaft empfiehlt, daß man gleichgesinnte Menschen derselben Einkommensklasse, mit derselben Parteizugehörigkeit und ungefähr den gleichen Schwierigkeiten beim Golfspielen als Freunde suchen sollte. Das sind ungefährliche Menschen, die nicht beginnen, um seelsorgerische oder finanzielle Unterstützung zu bitten. Hält man einen gesunden Abstand zu ihnen, wird diese Beziehung nicht durch Verpflichtungen oder Erwartungen getrübt.

Diese Freundschaften währen so lange, bis man im Leben einen Tiefstand erreicht. Man wird mit einem drückenden Problem, einem tragischen Verlust oder einer schweren Krankheit konfrontiert und stellt plötzlich fest, daß sich niemand um einen kümmert. Man hat nie in das Leben eines anderen investiert, und so ist jetzt, wenn man abheben möchte, kein Geld auf der Freundschaftsbank.

Christliche Freundschaften sind anders. Man findet einige Geschwister und entscheidet sich von Anfang an, sich selbst für sie hinzugeben. Weil man sich regelmäßig trifft und unterhält, erhält man Zutritt zum Leben eines anderen. Man ermutigt sich, kümmert sich um die Belange, fordert heraus und kritisiert. Opfer gehören dazu. Vor einiger Zeit schrieb mir ein enger Freund einen Brief, der folgendermaßen begann:»Dieser Brief soll dir in aller Form das zusagen, was ich auch an dir habe. Wenn du und deine Familie jemals in irgendeiner Form Hilfe brauchst, dann laßt es mich einfach wissen.« Ein Kollege erzählte mir einmal:»Ich weiß, daß ich jetzt zum Telefon gehen und fünf Freunde anrufen könnte, die mir ihr Auto, Hilfe oder eine Unterkunft geben würden, wenn ich es bräuchte. Das ist einer der größten Segen in meinem Leben.«

Solch aufopfernde Liebe ist der Grundstock wahrer Freundschaft und guter Ehen. Sie findet auch in anderen Bereichen Verwendung. In der Geschäftswelt beispielsweise kann sie unseren Umgang mit unseren Kollegen, Angestellten und Kunden verbessern. In unseren Gemeinden kann sie viele Menschen erreichen und ihr Leben bereichern.

Mein Vater beendete seine Briefe an mich immer mit den gleichen Worten:»Liebe die Menschen, die deine Liebe am meisten brauchen.« In Kalamazoo, Michigan, half er einem Blinden, ein Restaurant zu eröffnen und arbeitete daran, ein Obdachlosenheim für Vagabunden im Zentrum zu errichten. Als vietnamesische Flüchtlinge ins Land strömten, kümmerte er sich um vier oder fünf Familien, damit sie Unterkunft, ein Auto und einen Beruf fanden; so setzte er diese Form der Liebe in die Tat um. Zusätzlich zu seiner großen beruflichen Verantwortung leitete mein Vater fünfundzwanzig Jahre lang jeden Sonntag nachmittag einen Chor und unterwies im Bibellesen hundert geistig zurückgebliebene Frauen im staatlichen Krankenhaus. Das ist aufopfernde Liebe – und die heutige Welt benötigt noch viele solcher Beispiele.

Ausgebrannt!

Aufopfernde Liebe hat nur einen Nachteil. Wenn man sich ihr wirklich hingibt, wird man schnell feststellen, daß dies äußerst kraftraubend ist. Nachdem man einen gewissen Teil gegeben, gedient und investiert hat, kann es sein, daß man anfängt, sich auszupumpt zu fühlen, so als hätte man nichts mehr, was man geben könnte. Man fährt ohne Treibstoff.

Manche Menschen mit viel Rückgrat und viel Selbstdisziplin sagen: »Obwohl ich keinerlei Liebe mehr in mir verspüre, werde ich dennoch weiterhin geben. Es ist die Tat, die zählt, nicht das Gefühl.« Obwohl sie damit vollkommen recht haben, kommen sie schließlich doch an den Punkt, an dem sie nicht nur leer, sondern auch wütend sind. Wütend auf Menschen, die Gott wertvoll sind, vielleicht sogar wütend auf Gott selbst.

Menschen stellen Probleme dar, denen man am besten aus dem Weg geht. Anrufe werden zur Belästigung. Briefe, selbst von Freunden, sind einfach Verpflichtungen. Unerwartete Besucher sind Eindringlinge. Jeder, der an vorderster Front im Lieben anderer steht, kennt das Gefühl: »Ich kann mit dem Schmerz, der Not, der Verletzung eines anderen – mit dem anderen selbst – nicht umgehen. Ich möchte davonlaufen, eine Mauer um mich herum aufbauen oder ein Einsiedler werden.« An diesem Punkt kommt man in die Versuchung, die Liebe zu anderen völlig aufzugeben. Immer wieder höre ich Menschen sagen: »Ich hatte einmal regen Kontakt zu anderen. Ich hatte einmal Freundschaften und Dienste. Aber ich bin ausgebrannt, und jetzt halte ich mich von Verbindlichkeiten gegenüber anderen Menschen fern.« Das ist natürlich eine Möglichkeit, mit dem Gefühl des Ausgepumpt-Seins umzugehen. Aber es gibt noch einen besseren Weg.

Es ist möglich, wenn man glaubt, gänzlich ohne Liebe zu sein, den Tank wieder aufzufüllen. Es ist möglich, die Menschen nicht nur aufopfernd, sondern auch treu zu lieben. Das ist es, wozu Gott uns beruft – Menschen nicht wie beim Kurzstreckenlauf, sondern wie beim Marathonlauf zu lieben. Um das zu vollbringen, müssen wir lernen, neu aufzutanken, wenn keine Liebe mehr in uns ist.

Geistlich auftanken

Im ersten Buch Samuel Kapitel dreißig findet man eine eher unbekannte Geschichte aus Davids Leben, ehe er König wurde. Damals war er noch ein geächteter, rebellischer Leiter. David liebt, führt, hilft und dient den Menschen, bis er fast keine Liebe mehr in sich hat. Er ist wie ausgebrannt, als eine gegnerische Truppe in das Lager einfällt und die Frauen und Kinder Davids und seiner Leute gefangennimmt. Die empörten Leute sprechen davon, David zu stürzen und ihn sogar zu töten. David kann nicht noch mehr ertragen. Er würde seine Führerposition am liebsten aufgeben. Er würde am liebsten auf den Boden spucken und seine Leute verlassen. Er hat sie satt, und er ist erschöpft. Was kann er tun? Die Antwort kann man in einer erstaunlich kurzen Äußerung finden:

>>Aber David fühlte, daß der Herr, sein Gott, ihm Kraft gab<< (1 Sam 30,6).

Er verließ die Menschen mit ihren unaufhörlichen Forderungen und distanzierte sich von mehreren Angeboten. Er nahm sich Zeit, zog sich zurück und hatte ein langes Gespräch mit Gott. Für eine kurze Zeit ließ er sich von Gottes Liebe umhüllen. Er erinnerte sich daran, daß Gott uns Zuflucht, Stärke und ein bewährter Helfer in allen Nöten ist (vgl. Ps 46,2). Er verbrachte eine einsame Zeit mit Gott, bis sein geistlicher Energievorrat wieder aufgefüllt war.
Jesus tat nach langen Phasen des Liebens, Dienens, Heilens, Seelsorgens und Lehrens dasselbe.

>>Nachdem er sie weggeschickt hatte, stieg er auf einen Berg, um in der Einsamkeit zu beten<< (Mt 14,23).
>>Sein Ruf verbreitete sich immer mehr, so daß die Menschen von überall herbeiströmten. Sie alle wollten ihn hören und von ihren Krankheiten geheilt werden. Doch er zog sich an einen einsamen Ort zurück, um zu beten<< (Lk 5,15-16).

Er benötigte einen Zeitraum, in dem er mit dem Vater allein war, um wieder aufzutanken. Es ist an der Stelle beinahe überflüssig, zu erwähnen, daß wir geistliche Erquickung erst recht nötig haben – hatten schon David und Jesus sie nötig.
Wir müssen lernen, innezuhalten und aus der Tretmühle auszusteigen, die Einsamkeit zu suchen und uns von Gott ermutigen zu lassen. Eine Möglichkeit hier ist täglich eine *Zeit der Stille*, vielleicht noch ehe die Ereignisse des Tages hereinbrechen. Sprechen Sie mit dem Herrn und lesen Sie sein Wort. Erlauben Sie ihm, Ihre geistliche Energie zu erneuern. Manche Menschen können sich beim Anhören christlicher Musikkassetten geistlich stärken. Wenn

ich manchmal zu einer Verabredung fahre und stark angespannt bin, schalte ich die Nachrichten mit ihren Katastrophen und der Werbung aus und lege eine Lobpreiskassette ein. Nach einer halben Stunde Fahrt ist mein Geist durch den Heiligen Geist erneuert.

Ich kenne einen Mann, der sich fünfzehn Minuten in seiner Mittagspause Zeit nimmt, um sich geistlich neu zu beleben. Fast jeden Tag schließt er die Türe seines Büros ab und liest Verheißungen aus dem Wort Gottes. Andere Menschen gehen jeden Abend spazieren, preisen während des Spazierganges Gott, andere wiederum spielen Musikinstrumente, lesen christliche Bücher oder singen dem Herrn Lieder. Es gibt nicht nur einen richtigen Weg, sich mit Gottes Hilfe zu ermutigen; die Möglichkeiten sind unerschöpflich. Versuchen Sie ruhig eine Zeitlang Ihren Weg zu finden, der für Sie gut ist. Denn wenn Sie ihn kennenlernen, befinden Sie sich auf dem richtigen Weg, aufopfernd und treu zu lieben.

Emotional auftanken

Es ist wichtig, daß Sie Ihre geistliche Tankanzeige im Auge behalten, obschon dies nicht die einzige Anzeige unterwegs ist. Sie müssen ebenso Ihre emotionale Tankanzeige beobachten. Es kann sein, daß Sie Ihre geistlichen Reserven immer wieder auffüllen und sich doch vollkommen von der Liebe verlassen vorkommen.

Größere Einschnitte im Leben können Sie emotional auslaugen: der Tod des Ehepartners, Scheidung, eigene Verletzung oder Krankheit, Verlust des Arbeitsplatzes, Wohnortwechsel. Selbst glückliche Ereignisse wie Familienferien oder die Geburt eines Kindes können einen gefühlsmäßig auspumpen.

Kürzlich hatte ein Freund von mir fünf außerordentlich schwierige Gespräche an einem Tag. Als er an diesem Abend das Büro verließ, ging es ihm geistlich großartig – aber emotional war er erschöpft. Im Geschäftsleben macht man oft ähnliche Erfahrungen. Man muß jemanden entlassen oder etwas umgestalten. Ihr Vorgesetzter verlangt, daß Sie ein wichtiges Projekt nochmals überarbeiten. Der Computer stürzt ab. Auch zu Hause kommt es zu emotionaler Erschöpfung. Das Abflußrohr ist verstopft und der Klempner läßt auf sich warten. Die Kinder stecken sich einer nach dem anderen mit Windpocken an. Sie erfahren, daß Ihr Sohn im Teen-ageralter drogenabhängig ist. Wenn Ihr emotionaler Tank leer ist, werden Sie wahrscheinlich kein Interesse am Wohlergehen anderer verspüren, gleichgültig, wie sehr Ihr geistlicher Tank auch ange-füllt sein mag.

Wie kann man sich emotional erquicken? Es gibt grundsätzlich zwei Möglichkeiten. Erstens, die *Entspannung*. Manche Menschen wollen sie nicht zulassen. Sie bevorzugen den schnellen Weg – und wenn sie emotional aufgeputscht werden wollen, erreichen sie das durch eine Tablette oder eine Spritze. Aber es gibt keine schnelle Lösung. Um emotionale Reserven zu erneuern, müssen Sie Ihr Tempo verlangsamen, sich eine Pause gönnen, die Füße hochlegen, tief durchatmen und keine Anrufe entgegennehmen. Lassen Sie der Natur ihren Lauf, und erneuern Sie neben Ihrer normalen Stärke auch Ihre emotionale.

Die zweite Möglichkeit, sich emotional aufzubauen, besteht in der *Unterhaltung*. Einige Aktivitäten können Sie inspirieren, Ihre Lebensfreude zu erneuern. Für meine Frau ist es Lesen, Schreiben und Flöte spielen. Für mich ist es das Segeln. Vielleicht ist es für Sie der Spaziergang mit dem Hund, das Squash-Spielen oder das Unkrautjäten im Garten. Sie müssen vielleicht einige Zeit experi-mentieren, ehe Sie herausfinden, was für Sie das Beste ist. Sie wer-den es in dem Moment wissen, wenn Sie es gefunden haben. Wenn Sie diese Beschäftigung – gleich welche – einige Stunden ausüben, werden Sie emotional erfrischt und fähig, andere wieder auf-opfernd und treu zu lieben.

Körperlich auftanken

Wenn Sie voller geistlicher und emotionaler Energie sind und Ih-nen dennoch danach zumute ist, sich hinter dem nächsten Schrank zu verstecken, sobald Sie im Flur Schritte hören, müssen Sie viel-leicht Ihre physische Tankanzeige überprüfen.

Eines Abends – es war Mittwoch – vor dem Erntedankfest ging ich zu einem ziemlich langen Treffen in die Kirche, bevor ich mit meiner Familie nach Michigan fuhr. Obwohl wir nicht vor fünf Uhr morgens ins Bett gekommen waren, mußten wir früh aufstehen, um Verwandte zu besuchen. An diesem Morgen des Erntedankfests war ich geistlich in guter Verfassung, und auch emotional war ich in zufriedenstellendem Zustand. Aber körperlich war ich wie erschlagen.

Jede Unterhaltung bedeutete für mich harte Arbeit. Jemand erzählte mir einen Witz, und ich dachte: »Sei kein Dummkopf, Bill, lach doch!« Verwandte kamen zu mir in der Hoffnung, ich würde ihnen Anregungen für eine wichtige Entscheidung geben, die sie treffen mußten. Aber als ich mich mit ihnen unterhielt, sagte eine leise Stimme in meinem Kopf: »Warum löst du deine Probleme nicht selbst? Ich bin nicht hergekommen, um seelsorgerisch tätig zu werden. Ich bin wegen des Truthahns und des Fußballs hier. Wenn du ein Gespräch möchtest, dann rufe meine Sekretärin an. Sicher ist im Juni noch ein Termin frei.« Ich habe mich sehr angestrengt, meine wahren Gefühle zu verbergen, und ich glaube nicht, daß größerer familiärer Schaden entstanden ist. Jedoch fühlte ich mich erst am Freitag wieder wie ich selbst, nachdem ich Zeit gehabt hatte, mich physisch zu erholen. Heutzutage sind viele Menschen ununterbrochen physisch überbelastet. Die meisten von ihnen wissen gar nicht, wie sehr ihre physische Verfassung ihre Versuche vereitelt, andere Menschen zu lieben. Sie erkennen nicht, daß physische Energie vonnöten ist, um zuzuhören, zu dienen, gegenüberzutreten und zu kritisieren. Physisch erschöpfte Menschen haben nicht nur wenig Energie; sie neigen auch dazu, schnell gereizt, skeptisch, unberechenbar und abschätzig zu sein. Es fällt ihnen schwer, andere zu lieben, und andere lieben sie ungern.

Wie kann man sich körperlich in Form halten? Sie kennen die drei Regeln: richtige Ernährung, ausreichend Schlaf und Sport. Die meisten Amerikaner und Europäer essen viel zu viel Zucker und Fett; folglich sind viele von uns übergewichtig. Das ist auch der Grund, warum wir zuckerkrank werden und eine große Zahl von Herzkranken zu verzeichnen haben. Es ist unmöglich, eine gute körperliche Kondition mit schlechter Ernährung aufrechtzuerhalten.

Hinzu kommt, daß viele von uns nachlässig mit ihrem Schlaf umgehen. Wenn Sie nicht einigermaßen ausgeschlafen aufwachen, kann es daran liegen, daß Sie nicht genügend Zeit im Bett verbringen. Oder vielleicht ist die Zeit, die Sie im Bett verbringen, alles andere als erholsam, weil Sie der Kaffee, den Sie den ganzen Tag über getrunken haben, oder die Peperoni-Pizza, die Sie um Mitternacht gegessen haben, wachhält.

Und für die meisten von uns ist der einzige Sport, den wir treiben, hinunter in den Flur zum Kopieren zu gehen. Wir behaupten, wir hätten keine Zeit oder Kraft, Sport zu treiben, obwohl Experten medizinisch bewiesen haben, daß Sport den Energievorrat wiederherstellt und sogar den Bedarf an Schlaf senkt.

Wenn Sie geistlich und emotional in guter Verfassung sind, aber sich dennoch ausgebrannt fühlen, überprüfen Sie Ihre Ernährung, Ihren Schlaf und Ihre sportlichen Aktivitäten. Vielleicht reichen schon wenige kleine Veränderungen in Ihren Alltagsgewohnheiten aus, um Ihren Tank zu füllen und Ihnen für treue und aufopfernde Liebe neu Kraft zu geben.

Der Lohn der Hingabe

Es ist nicht leicht, ernsthaft zu lieben. Es wird Sie mehr kosten, als Sie sich vorstellen können. Nachdem Sie alle Zeit, Kraft und alles Geld, was Sie geben können, investiert haben, werden Sie sich Zeit nehmen müssen, aufzutanken, um Ihre Energie weiterhin opfern zu können. Aber die aufopfernde Liebe wird Sie mehr belohnen, als Sie sich je erträumt hätten.

Die Bibel erzählt von einer Zeit, in der sich Petrus fragte, ob sich die Opfer, die er brachte, lohnten:

>»Da antwortete Petrus: Du weißt, wir haben alles verlassen und sind dir nachgefolgt. Was werden wir dafür bekommen? Jesus erwiderte ihnen: Amen, ich sage euch: Wenn die Welt neu geschaffen wird und der Menschensohn sich auf den Thron der Herrlichkeit setzt, werdet ihr, die ihr mir nachgefolgt seid, auf zwölf Thronen sitzen und die zwölf Stämme Israels richten. Und jeder, der um meines Namens willen Häuser oder Brüder, Schwestern, Vater, Mutter, Kinder oder Äcker verlassen hat, wird dafür das Hundertfache erhalten und das ewige Leben gewinnen« (Mt 19,27-29).

Wenn Sie sich Gott und den Menschen hingeben, wird Gott Ihr Opfer in der himmlischen Buchhaltung verzeichnen. Er wird in so reichem Maße Liebe ausschütten, daß Sie sich eine Zeitlang wundern, wie erfüllt Ihr Leben ist. Sie werden sich in spontanen Ausbrüchen des Lobpreises wiederfinden. Sie werden sich singen hören: »Du durchdringst meine Seele. Du schenkst mir Leben in Fülle!« Die verfälschte Liebe von heute bietet derartige Belohnungen nicht. Wie mein Professor sagte: »Wahre persönliche Erfüllung erreicht man niemals durch Selbstverwirklichung.« Man erlangt sie statt dessen durch Opfer.

Kapitel 9

Radikale Liebe –
den Teufelskreis durchbrechen

Wir haben die Liebe aus verschiedenen Blickwinkeln betrachtet.
Wir haben gesehen, daß man sowohl hartnäckig als auch empfindsam sein muß und daß es ohne unser Opfer kaum geht. Jesus
zeigt uns in Matthäus Kapitel 5, Verse 39-41 in einem Teil der
Bergpredigt einen weiteren Aspekt der Liebe:

> »Ich aber sage euch: Leistet dem, der euch etwas Böses
> antut, keinen Widerstand, sondern wenn dich einer auf
> die rechte Wange schlägt, dann halt ihm auch die andere
> hin. Und wenn dich einer vor Gericht bringen will, um
> dir das Hemd wegzunehmen, dann laß ihm auch den
> Mantel. Und wenn dich einer zwingen will, eine Meile
> mit ihm zu gehen, dann geh zwei mit ihm.«

Ich glaube, daß Jesus mit diesen vertraut klingenden Worten versuchen wollte, seine Jünger zu ermuntern, den nächsten Schritt in
ihrem Verständnis christlicher Liebe zu unternehmen. Er sagte zu
ihnen: »Freunde, ihr macht beachtliche Fortschritte in eurem
Bemühen, mir zu folgen. Wenn es aber um das Verständnis zwi-
schenmenschlicher Beziehungen geht, benötigt ihr ein paar einfache, praktische und überraschende Informationen. Ich wünsche mir,
daß es untereinander bei euch klappt. Beachtet also aufmerksam
meine nüchternen Alltagsbeispiele, die zeigen, was es heißt, so zu
lieben, wie ich liebe.«

Ein Schlag ins Gesicht

Überlegen Sie, wie Jesu Ausführungen auf die Jünger gewirkt haben müssen: Stellen Sie sich vor, wie Sie durch die belebten Straßen Jerusalems laufen. Sie treffen einige Menschen, die an einer Ecke stehen und politische Themen diskutieren. Da Sie über einiges unterrichtet sind, schlendern Sie zu ihnen hinüber und hören genauer hin, worüber sie reden. Dann fordert Sie jemand dazu auf, Ihren Standpunkt zur politischen Lage in Jerusalem darzulegen. Sie kommen der Aufforderung begeistert nach, indem Sie einige gut durchdachte Vorschläge vorbringen, die die Probleme Jerusalems lösen könnten. Ihnen ist bewußt, daß einige davon ziemlich kühn sind. Mit einem Seitenblick stellen Sie fest, daß einer der Männer vor Zorn rot anläuft. Plötzlich stellt er sich vor Sie hin und gibt Ihnen mit aller Kraft einen Schlag ins Gesicht.

Im Jerusalem des ersten Jahrhunderts war ein Schlag ins Gesicht die höchste Demütigung. Bis heute ist das fast sprichwörtlich geblieben, wenn wir beleidigt werden: »Das war wie ein Schlag ins Gesicht.« Es besteht kein Zweifel – Sie sind öffentlich von einem arroganten, überheblichen Ignoranten gedemütigt worden. Sie können noch die Wucht seines Schlages in Ihrem Gesicht spüren. Ihr Adrenalinspiegel steigt; Ihre Wut wird mit einem Mal immer größer. Ihre *Ehre* steht auf dem Spiel. Sie wissen, daß Sie diesem Kerl einen Schlag bis über den halben Kontinent versetzen könnten, wenn Sie wollten. Und Ihre innere Stimme ruft: »Rocky, Rocky, Rocky ...«

Der Augenblick der Wahrheit ist gekommen. Was werden Sie tun? In der Bergpredigt fordert Jesus seine Jünger zu *radikaler Liebe* auf. Schlagen Sie nicht zurück. Schreien Sie ihn nicht an. Geben Sie ihm keinen Tritt gegen das Schienbein. Verfluchen Sie ihn nicht insgeheim. Schauen Sie dem Mann statt dessen direkt in die Augen und denken Sie daran, daß er trotz seiner Überheblichkeit und seiner Wut für Gott wertvoll ist. Selbst in diesem Augenblick streckt sich Gott nach ihm aus. Tatsächlich sucht er nach jemandem, durch den er diesem Kerl seine Liebe zeigen kann. Tauchen Sie also tief in das Fundament Ihres Glauben ein und lieben Sie ihn. Handeln Sie radikal, so daß es sein Leben kennzeichnet. Wenn es in seiner Seele Spuren hinterläßt, wenn Sie ihm die andere Wange für einen zweiten Schlag hinhalten, dann tun Sie es.

Können Sie sich vorstellen, wie schwer es für die Jünger gewesen sein muß, diese Herausforderung Jesu anzuhören? Nachdem Sie in einer auf Rache eingestellten Gesellschaft geboren und aufgewachsen sind, wissen Sie alles über männliche Ehre, gespielte Tapferkeit und einen Männlichkeitswahn. Hier die andere Wange hinhalten? Was für eine verrückte Idee!

Jenseits von Recht und Ordnung

Das zweite Beispiel Jesu erfordert eine kurze Erklärung der damals herrschenden Mode im mittleren Osten zur Zeit des Neuen Testaments. Die Menschen trugen einen Art Unterrock aus weichem Stoff direkt auf der Haut. Die meisten hatten mehrere davon. Über dieses Innengewand trugen sie einen schweren, warmen, weiten Umhang, der zwei Aufgaben erfüllte: Während des Tages diente er als Mantel oder Sportjacke, in der Nacht gab er eine Decke ab.

Im damals herrschenden Klima war ein Mensch ohne den Übermantel in der kalten Nacht schlecht dran. Dieser Poncho war in der Tat so wichtig, daß er gesetzlich geschützt wurde. Während des Handels und beim Tauschen war es üblich, daß die Männer gegenseitig die Kleidung als Pfand behielten, bis der Handel vollzogen und die Ware geliefert war. Normalerweise wurde das Innengewand verlangt, weil selbst ein armer Mann noch ein zweites hatte. Das Obergewand wurde dafür in der Regel nicht hergenommen, weil es gesetzwidrig war, das Obergewand eines anderen über Nacht zu behalten, selbst wenn dieser sich nicht an den Handel hielt. Der Mantel mußte ihm bis zum Sonnenuntergang zurückgegeben werden, weil er andernfalls nichts gehabt hätte, um sich gegen die Kälte der Nacht zu schützen.

Hinsichtlich der großen Bedeutung des Mantels ist Jesu Aufforderung erstaunlich. Wenn Sie mit jemandem einen Handel abschließen und sich aus irgendeinem Grund nicht daran halten können, dann geben Sie natürlich das Innengewand her, sollte Ihr Handelspartner das Innengewand als Pfand über Nacht verlangen. Aber gehen Sie noch einen Schritt weiter. Bieten Sie ihm zusätzlich Ihren Mantel an. Sehen Sie ihm in die Augen und sagen Sie: »Ich kenne das Gesetz. Geschäft ist Geschäft, und ich habe meinen Teil nicht erfüllt. Bitte nimm also meinen Mantel, obwohl es mir rechtmäßig zustünde, ihn zu behalten. Es ist mir wichtig, als vertrauenswürdiger Handelspartner anerkannt zu sein, und ich kann eine Nacht ohne meinen Mantel auskommen. Gibt es übrigens irgend etwas, was ich für deine Familie tun kann?«

In bezug auf Jesus übertreffen die Forderungen nach radikaler Liebe oft das geschriebene Gesetz. Liebe verlangt nie danach, mit dem Mindesteinsatz davonzukommen. Sie geht über bloßes Einhalten von Gesetzen hinaus und bietet ungeheure Dienste an.

Die zweite Meile

Dies führt zur dritten Aussage Jesu, die seinen Zuhörern tief ins Herz stach. Sie betraf ein Thema, das sie besonders verabscheuten – *die Unterdrückung*. Zu jener Zeit wurde Israel von Rom regiert. Im ganzen Reich waren Gouverneure stationiert, während Soldaten verschiedene Provinzen besetzt hielten. Ein römischer Soldat hatte das Recht, zu jeder Tages- und Nachtzeit einen Zivilisten anzuhalten und ihn zu erpressen, ihm einen Dienst zu erweisen. Der Soldat konnte einen Zivilisten zwingen, ihm Mahlzeiten zuzubereiten, Wäsche zu waschen, Unterkunft zu gewähren oder was immer der Soldat annahm, daß es getan werden müßte.

Die Juden haßten es besonders, wenn ein römischer Soldat von ihnen verlangte, das Gepäck zu tragen. Immer wenn Truppenstellungen ihren Standort wechselten, tauchten Soldaten auf, tippten den jüdischen Männern mit ihrer Lanze auf die Schulter und sagten:»Trag diesen Koffer und den Sack mit der Verpflegung, und zwar schnell.« Ungeachtet der Tatsache, was der Zivilist gerade tat – ob er schlief, ein Feld umpflügte oder seine Waren verkaufte –, er mußte seine Tätigkeit unterbrechen und dem Soldaten gehorchen. Es gab jedoch eine Einschränkung. Die Juden haßten diese Regelung so sehr, daß die römischen Offiziere anscheinend den Machtbereich ihrer Männer nach einiger Zeit begrenzten. Sie konnten einen Juden nur zu höchstens einer Meile auf einmal zwingen.

Stellen Sie sich also einen römischen Soldaten vor, wie er Sie am Kragen packt, Ihnen einen schweren Koffer in den Magen schiebt und sagt:»Trag dies, Freund.« Er läuft gemütlich neben Ihnen her und ißt Obst, während Sie stolpern und sich über die Maße anstrengen, seinen Koffer zu schleppen. Wie sollen wir – nach Jesu

Wort – reagieren? Wenn Sie die vorgeschriebene Meile hinter sich gebracht haben, gäbe es verschiedene Möglichkeiten, sich zu verabschieden: Sie könnten den Koffer auf den Boden werfen, in der Hoffnung, daß etwas Zerbrechliches darin kaputt ginge, oder aber den Staub von den Kleidern abschütteln und auf den Boden spucken, um Ihre Verachtung für diesen heidnischen Soldaten und seine abscheuliche Vorgehensweise zu demonstrieren. Sie sollten ihm radikale Liebe erweisen.

Sagen Sie, wenn Sie ans Ende dieser Meile kommen: »Herr, kann ich Ihnen noch irgendeinen weiteren Dienst erweisen? Gott hat mir für seine gesamte Schöpfung Liebe ins Herz gelegt, wobei Sie mit eingeschlossen sind, ob Sie sich dessen bewußt sind oder nicht. Sie bedeuten ihm so viel, daß es ein Vorrecht für mich wäre, Ihnen dienen zu können. Wenn Sie also wollen, daß wir noch eine weitere Meile gemeinsam zurücklegen, werde ich mit Ihnen gehen.«

Beispiele verstehen

Wie Jesus eindeutig zu verstehen gab, sollte es die höchste Priorität im Leben jedes Gläubigen sein, Gott mit ganzem Herzen, mit ganzer Seele und mit allen Gedanken zu lieben (vgl. Mt 22,37-40). Die zweite Zielsetzung sollte darin zu sehen sein, die Menschen auf radikale und unverhältnismäßige Weise zu lieben, da sie alle dem Herrn wertvoll sind.

Seit zweitausend Jahren lesen die Menschen immer wieder Jesu Bergpredigt und bitten den Heiligen Geist, ihnen zu helfen, diese drei Beispiele zu verstehen und auf ihr Leben anzuwenden. Gläubige haben eine ganze Reihe von Schlußfolgerungen aus dieser Predigt gezogen, und auch ich habe noch viele Fragen in bezug auf ihre Bedeutung für mein Leben. Aber diese Erzählungen beinhalten einige allgemein gültige Aussagen, die ganz einfach zu verstehen sind.

Es handelt sich nicht um ein Mysterium.

Ein eindeutiges Prinzip dieser Erzählungen besagt, daß es sich bei der Vergeltung um eine Sackgasse handelt. Rache verursacht und steigert lediglich Feindseligkeit. Jemand muß diese sinnlose Steigerung aufhalten – und Gott möchte, daß ich derjenige bin.

Eine andere fraglose Bedeutung dieser Erzählungen liegt darin, daß der männliche Stolz nicht die wichtigste Sache der Welt ist. Ich muß lernen, mit den Beleidigungen im Alltag umgehen zu können – wenn man mir im Straßenverkehr die Vorfahrt nimmt, wenn sich jemand in der Schlange vor mich drängelt oder ich in einem Gespräch unterbrochen werde. Ich muß die Abwehr hinter mir lassen und lernen, Schläge einzustecken, anstatt zurückzuschlagen. Schließlich betonen die Erzählungen einfach die verborgene Kraft der zweiten Meile. Wenn wir das absolute Minimum des Dienens überbieten oder über die Aufforderung nach Pflichterfüllung hinausgehen, übt das oft eine unvergeßliche Wirkung auf Menschen aus. Jesu Art und Weise zu lieben war vollkommen neu. Die Gesetze des Alten Testamentes schützten gewissenhaft das Recht – »Auge um Auge und Zahn um Zahn« – aber Jesus ging mit diesen drei Beispielerzählungen weit über das damalige Gerechtigkeitsdenken hinaus. Warum wollte er, daß seine Jünger radikal liebten – ohne Vergeltungsgedanken und uneigennützig?

Feindseligkeiten beenden

Erstens weiß Gott, daß man radikal lieben muß, um den Teufelskreis der zwischenmenschlichen Feindseligkeit zu durchbrechen. An dem Tag, als Kain seinen Bruder Abel angriff und ihn erschlug (vgl. Gen 4,8), begann dieser Kreislauf und hat seitdem nie aufgehört, sich fortzubewegen.

Ein Freund von mir ist Sanitäter im Humboldt Park, einer Umgebung in Chicago, die wegen ihrer Banden berüchtigt ist. »Man weiß, wie so etwas abläuft«, erzählte er mir. »Es beginnt mit einem kleinen Mißverständnis. Dann verschärft es sich, wenn die Gefühle von jemandem verletzt werden und derjenige einen provozierenden Ton anschlägt. Eine Drohung folgt der Herausforderung. Die gespielte Tapferkeit und die immer noch hochgehaltene männliche Ehre nehmen ihren Lauf. Fäuste, Stöcke und Messer kommen mit ins Spiel. Das Blut fließt in Strömen. Und wenn die Schlacht vorbei ist und die Menschen über- und untereinander liegen, rufen sie uns, damit wir die Einzelteile wieder aufsammeln.«

Seit Jahrtausenden nimmt es diesen Lauf. Zugegeben, in einer »kultivierten Vorortgegend« enden die meisten Feindseligkeiten nicht in einem Nahkampf. Sie enden im kalten Krieg. Die Palette uns wohlbekannter nachbarschaftlicher Beziehungen: Mißtrauen, Bitterkeit, Verleumdung, Distanzierung und Gerichtsverfahren. Obwohl wir selten mit unseren Fäusten kämpfen, können wir großen Schaden anrichten, ohne unseren guten Anzug dabei schmutzig zu machen.

Aber der Kreislauf der Feindseligkeit muß aufgehalten werden, wenn es zwischenmenschlich in dieser Welt harmonisch zugehen soll. Dies erfordert radikale Liebe ohne Vergeltungsgedanken. Es muß jemanden geben, der einen Schlag, eine Verletzung oder einen Hieb einsteckt, anstatt zurückzuschlagen. Jemand muß eine Ungerechtigkeit schlucken, anstatt einem weiteren Menschen Leid zuzufügen; einer muß der immer wiederkehrenden Grausamkeit einen Riegel vorschieben. Gott sagt:»Du kannst das, wenn du bereit bist, radikal lieben zu lernen.«

Sind Sie bereit, in Ihrer Ehe derjenige zu sein, der das Eis des Schweigens bricht, wenn Gefühle verletzt worden sind? Sind Sie darauf vorbereitet, an Ihrem Arbeitsplatz zu sagen:»Ich bitte dich um Verzeihung – laß mich dir bei deinen Aufgaben helfen, um dir die Last zu erleichtern«? Oder sind Sie vielleicht bereit, in der Schule Ihre Aufgaben bereitwillig zu erledigen und anzubieten, noch mehr zu tun – auch dann, wenn der Lehrer oder Professor unangenehm und fordernd ist? Gott sucht nach radikal Liebenden, die sich zum Dienst melden.

Radikale Liebe – Hilfe für die Verkündigung

Der zweite Grund, warum Gott uns dazu herausfordert, radikal, ohne Vergeltungsgedanken und selbstlos zu lieben, ist der, daß nichts einen tieferen Eindruck bei geistlich verhärteten Männern und Frauen hinterläßt als diese Liebe. Wenn Sie die Liebe Jesu Christi auf persönliche Art und Weise erfahren haben, dann liegen Sie vielleicht manchmal nachts wach und überlegen, wie Sie im Leben anderer Zeichen setzen können, so daß auch sie erfahren können, was Sie gefunden haben. Sollten Sie vielleicht einen Anstecker an Ihrem Pulli tragen? Oder einen Aufkleber an die Heckscheibe Ihres Autos kleben? Eine große Bibel in Ihrem Büro auslegen? Es gäbe auch die Möglichkeit, den Menschen ausdrücklich mitzuteilen, daß Sie nicht in Sexfilme gehen sollten oder ähnliche Dinge. Jesus sagt, daß man radikale Liebe zeigen muß, um bei jemandem tatsächlich einen bleibenden Eindruck zu hinterlassen. In dieser Form der Liebe steckt so viel verheißungsvolle Kraft, daß selbst abgestumpfte Menschen aufmerken. Sie können nicht verstehen, warum Sie Ihre Rechte nicht in Anspruch nehmen und sich von anderen ausnutzen lassen.

Jesus praktizierte in seinem Leben diese extreme Form der Liebe. Zuletzt setzte er sich nicht einmal den Schlägen zur Wehr. Er ertrug die Hiebe wortlos. Als die Nägel durch seine Hände und Füße geschlagen wurden, wandte er sich nicht den Betreffenden zu und sagte: »Dafür werdet ihr in der Hölle zugrunde gehen!« Nein, er sagte: »Vater, diese Menschen sind dir wertvoll. Rechne ihnen dieses Verbrechen nicht an. Vergib ihnen nach Möglichkeit.«

Als Jesus starb, brach ein römischer Offizier – ein Mann, etwa mit Clint Eastwood zu vergleichen – zusammen und schrie: »Wahrhaftig, dieser Mensch war Gottes Sohn.« Ich bezweifle, daß dieser Mensch je irgendeine Theologie gehört hatte, doch war er durch die Kraft der radikalen und vergeltungslosen Liebe Jesu getroffen.

Das Tor zu Gottes Gegenwart

Ein dritter Grund, warum Gott uns darum bittet, diese Art der Liebe zu zeigen, besteht darin, daß die Seele des radikal Liebenden und das Herz Gottes eng miteinander verbunden werden.

Ich kenne einen Mann, der eine ungewöhnliche Beziehung zu Gott hat. Diese Beziehung hatte er nicht seit seiner Geburt; er näherte sich Gott durch das Praktizieren dieser extremen Form der Liebe. Vor einigen Jahren waren er und sein Vater in einem fernen Land Missionare. Mitglieder einer religiösen Sekte fragten den Vater, ob sie mit ihm beten dürften. Er war sofort damit einverstanden, und sie vereinbarten einen Termin. Als es soweit war, erschien ein Mann, und die beiden suchten ein Zimmer für sich auf, um zu beten. Plötzlich hörte mein Freund einen großen Tumult. Er eilte in das Zimmer und fand seinen Vater blutüberströmt am Boden liegen. Der Besucher hatte ihn erstochen, anstatt mit ihm zu beten.

Trotz seines großen Kummers entschloß sich der junge Mann, auf diese extreme Sekte zuzugehen, die den Mord an seinem Vater veranlaßt hatten. Niemand hätte ihm Vorwürfe gemacht, wenn er seinen Dienst aufgegeben hätte. Aber statt zu gehen, wollte er lieber den Dienst, den sein Vater begonnen hatte, weiterführen und ausweiten – und in diesem Prozeß, in dem er die Mörder seines Vaters radikal liebte, lernte er die Gegenwart und Kraft Jesu Christi spüren, wie er sie nie zuvor gefühlt hatte.

Wenn Sie Schläge einstecken, Ihre legalen Rechte aufgeben und Gepäck viel weiter tragen, als es notwendig wäre, werden Sie sich in einer tiefen Beziehung zu Jesus Christus wiederfinden. Auch wenn Sie erkennen, daß der Boden unter Ihren Füßen nicht fest genug ist, halten Sie an ihm fest. Sie spüren seinen Beistand auf eine Art und Weise, die Sie normalerweise nie bemerken würden. Die meisten Menschen verlassen nie die Geborgenheit des Hafens der Liebe. Sie haben Angst, das Wagnis zu unternehmen, sich auf hohe See der radikalen, vergeltungslosen Liebe zu begeben. Aber genau das ist der Ort, wo etwas los ist. Dort zeigt sich Gottes Liebe unvorstellbar mehr, als sich wasserscheue Menschen je vorstellen können. Dort werden die Menschen veranlaßt, Jesus Christus, das einzig vollkommene Beispiel dieser Liebe, genauer zu betrachten. Dort sterben die Feindseligkeiten, und es beginnt dauerhafter Friede.

Radikale Liebe verfolgt keinen Zweck. Sie fällt nicht leicht. Aber sie ist etwas, das die Welt unbedingt braucht – heute mehr denn je.

Kapitel 10

Der Charakter Jesu Christi

Ein Freund von mir bat mich einmal darum, in einer Gruppe von Campern der fünften und sechsten Klasse zu lehren. Nach einigen Stunden, in denen ich den Kindern eine einfache Botschaft gegeben hatte, wie sie Jesus Christus in ihr Leben aufnehmen können, kam ein Junge von ungefähr zehn Jahren auf mich zu und fragte:»Sie haben darüber gesprochen, wie ich Jesus bitten kann, in mein Leben zu kommen. Können Sie mir sagen, wie er ist, bevor ich ihn rufe?«

Da ich wußte, daß er eine dreiminütige Antwort und nicht einen Glaubenskursus erwartete, öffnete ich meine Bibel und schlug Johannes Kapitel zehn auf. Folgendes lasen wir gemeinsam:

> »Der Dieb kommt nur, um zu stehlen, zu schlachten und zu vernichten; ich bin gekommen, damit sie das Leben haben und es in Fülle haben. Ich bin der gute Hirt. Der gute Hirt gibt sein Leben hin für die Schafe. Der bezahlte Knecht aber, der nicht Hirt ist und dem die Schafe nicht gehören, läßt die Schafe im Stich und flieht, wenn er den Wolf kommen sieht; und der Wolf reißt sie und jagt sie auseinander. Er flieht, weil er nur ein bezahlter Knecht ist und ihm an den Schafen nichts liegt. Ich bin der gute Hirt; ich kenne die Meinen, und die Meinen kennen mich, wie mich der Vater kennt und ich den Vater kenne; und ich gebe mein Leben hin für die Schafe« (Joh 10,10-15).

Jesus ist ein großer Lehrer. In dem Wissen, daß die meisten Menschen in Bildern denken, zeichnet er ein Bild von sich selbst als dem guten Hirten. Er weiß, daß die meisten Menschen eine falsche

Vorstellung haben, warum er in ihr Leben kommen möchte, und beginnt deshalb seinen Charakter zu offenbaren, indem er erzählt, wer er *nicht* ist.

Er ist kein Dieb

»Ich bin kein Dieb«, sagt Jesus. Das Ziel eines Einbrechers ist es, in Ihr Haus zu gelangen und etwas Wertvolles zu finden, das viel Geld einbringt. Sie werden wahrscheinlich niemals von einem Dieb hören, der sich mit vier Handtüchern, zwei Bettvorlegern und einer Tube Zahnpasta davonmacht; Diebe suchen nach Juwelen, Familienerbstücken, Gemälden und elektronischen Geräten. Das ist das Wesen eines Diebes – das Wertvolle zu finden und zu stehlen.

Jesus ist das genaue Gegenteil eines Diebes. Er kommt nicht, um zu stehlen, sondern um zu geben. Er bricht nicht in das Leben irgendeines Menschen ein; er steht vor der Tür und klopft an. Wenn er hereingebeten wird, geht er durch das Haus und verteilt auf der Kamineinfassung, auf den Regalen und in den Schränken wertvolle Gegenstände. Er füllt das Leben eines Menschen mit den Dingen an, die das Leben lebenswert machen: Sinn, Erfüllung, Ziele, Liebe, Friede, Zufriedenheit, Sicherheit und sogar Freiheit.

Viele Menschen verstehen das nicht. Sie fürchten, daß er in ihr Leben einbricht und ihnen ihre Lebensfreude raubt. Sie sind sich sicher, daß er ihre Freiheit einschränken möchte und verlangt, daß sie genügsam leben. Sie verdächtigen ihn, daß er die Freude nimmt und dem Abenteuer und dem Vergnügen ein Ende bereitet. Manchmal kommen solche Leute zu mir und sagen:»Ich spüre, daß Gott mehr Einfluß auf mein Leben haben möchte, aber ich möchte ihn nicht in mein Leben lassen. Ich kämpfe gegen ihn.«

Normalerweise sage ich dann:»Keine Angst – Sie werden gewinnen. Sie können Gott von sich fernhalten. Sperren Sie die Türe zu, verriegeln Sie die Fenster und verschließen Sie Ihren Geist. Sie können ihn aufhalten.« Aber ich sage diesen Menschen auch, daß sie nicht verstehen, wer Jesus ist. Er ist kein Dieb, sondern ein Anti-Dieb. Er klopft geduldig an, bis Sie die Türe öffnen, und dann wird er ihr ganzes Haus mit einer Menge wertvoller Dinge anfüllen.

Jesus Christus liebt selbstlos: er liebt uns für das, was er uns geben kann, nicht für das, was er von uns bekommen kann. Wenn Sie die Fenster entriegeln, die Tür aufsperren und weit öffnen, so daß er hereinkommen kann, wird er Ihr Haus mit allem beglücken, was Sie nötig haben, um Ihr Haus warm, schön und angenehm zu gestalten.

Zwei Arten von Hirten

Jesus ist ein Hirte – kein Dieb. Aber es gibt zwei Arten von Hirten – Besitzer und bezahlte Arbeitnehmer. Ein Arbeitnehmer bekommt einen täglichen oder stündlichen Lohn dafür, daß er das tut, worum ihn der Besitzer bittet. Er tut das, was auch immer notwendig ist, um sein Gehalt zu erhalten, aber er tut nichts, was darüber hinausgeht. Er kennt keine Gefühle, kein Mitleid, keine Erfüllung, keine Überstunden und keine zweite Meile.

Während ich auf dem College war, war ich ein Arbeitnehmer. Ich arbeitete für einen Metzger und zerlegte die Hühner. Es war lediglich ein Job. Manchmal sagte mein Chef:»Bill, morgen haben wir einen zusätzlichen Verkauf. Wäre es vielleicht möglich, daß du heute ein wenig länger arbeitest?« Ich versuchte höflich zu antworten, aber bei mir dachte ich:»Und wenn das ganze Gebäude abbrennt; ich bin hier um fünf Uhr draußen.« Das ist die Einstellung eines Arbeitnehmers.

Ein Besitzer hat eine vollkommen andere Einstellung. Wenn der Betrieb meines Vaters eine Ladung Gemüse zu einem bestimmten Termin über den halben Kontinent fahren mußte, schickte mein Vater meinen Bruder oder mich, nicht einen angestellten Arbeiter, um das Gemüse auszuliefern. Wenn ein Feld zu einem ganz bestimmten Zeitpunkt umgepflügt werden mußte, um angepflanzt werden zu können, schickte er meinen Bruder oder mich, um es umzupflügen – nicht einen Arbeiter. Wir waren die Besitzer und uns lag etwas an der Arbeit!

Ich fahre jeden Tag an einer Straße entlang, die rechts und links voller privater Geschäfte ist. Von Montag bis Freitag sind die Parkplätze davor immer belegt. Am Samstag morgen jedoch steht normalerweise nur ein Auto vor jedem Geschäft – und es sieht so aus, als wäre es das Auto des Besitzers. Warum? Weil ihm das Geschäft gehört. Wahrscheinlich hat er es beinah aus dem Nichts aufgebaut und möchte sich die Statistiken, den Kassenstand, den Umsatz und die Bilanzen genauer ansehen. Er kümmert sich auf eine Art und Weise darum, die seine Angestellten nie verstehen werden.

Jesus ist ein fürsorglicher Besitzer. Wir sind seine Schafe; nicht die von jemand anderem, und er wird meilenweit gehen, um uns zu grünem Weideland zu führen. Er zählt uns immer und immer wieder. Er schützt uns vor drohenden Gefahren und gab sogar sein Leben um unseretwillen hin. Weil wir sein Eigentum sind und er uns liebt, achtet Jesus auf jeden Schritt, den wir gehen. Er kennt unser Gefühl der Verletztheit und jede schwere Enttäuschung, die uns widerfährt. Er ist in uns verliebt, und er wird alles tun, was nötig ist, um uns in seiner Herde zu schützen.

Söhne und Töchter – keine Knechte

Weil Jesus Christus unser Hirte ist, können wir seine Freunde werden. »... ich kenne die Meinen, und die Meinen kennen mich«, sagt Jesus, »wie mich der Vater kennt und ich den Vater kenne« (Joh 10,14-15). Mit anderen Worten: die Beziehung zwischen uns und dem Hirten kann so vertraut werden wie die Beziehung zwischen Jesus und seinem himmlischen Vater – was für ein unglaublicher Gedanke!

Um uns die Tiefe und Lebensdauer einer derartigen Beziehung zu verdeutlichen, verwendet die Bibel ein weiteres Bild zur Veranschaulichung. Im Römerbrief Kapitel 8, Verse 14-17 schreibt Paulus:

> »Denn alle, die sich vom Geist Gottes leiten lassen, sind Söhne Gottes. Denn ihr habt nicht einen Geist empfangen, der euch zu Sklaven macht, so daß ihr euch immer noch fürchten müßtet, sondern ihr habt den Geist empfangen, der euch zu Söhnen macht, den Geist, in dem wir rufen: Abba, Vater! So bezeugt der Geist selber unserem Geist, daß wir Kinder Gottes sind. Sind wir aber Kinder, dann auch Erben; wir sind Erben Gottes und sind Miterben Christi, wenn wir mit ihm leiden, um mit ihm auch verherrlicht zu werden.«

110

Jesus möchte nicht, daß wir zu ihm eine Beziehung eingehen, die von Angst geprägt ist, so wie es in der Beziehung des Sklaven zu seinem Herrn der Fall ist. Seit der Sklavenbefreiung ist über ein Jahrhundert vergangen, und wir können vielleicht die Erniedrigung eines Sklavenlebens nicht mehr nachempfinden. Die meisten von uns sind nie einem Menschen ausgeliefert gewesen, der gänzlich Macht über uns hatte, einschließlich der Berechtigung, uns zu verletzen, uns zu töten oder unsere Familie zu zerstören. Aber wir haben Vorgesetzte, und wir wissen, was es heißt, Respekt zu haben.

Vor wenigen Jahren saß ich im Flugzeug nach Los Angeles neben einem Mann, der für eine wohlbekannte internationale Gesellschaft tätig war. Dieser Mann sagte zu mir:»Wir arbeiten auf einer Quotenbasis. Wenn wir so viel verkaufen, daß die Quoten erreicht oder gar übertroffen werden, haben wir eine Zukunft im Unternehmen. Ich bin nun seit elf Jahren in diesem Unternehmen und habe es bisher immer geschafft. Aber im letzten Vierteljahr haben sich meine Quoten erhöht, und ich glaube nicht, daß ich dieses Ziel erreichen kann. Das heißt, daß mein Arbeitsplatz gefährdet ist.«

Elf Jahre treuer Mitarbeit für das Unternehmen, und wenn er eine Quote nicht erreicht, wird ihm gekündigt! Dieser Angestellte kann die Tatsache kaum übersehen, daß sein persönlicher Wert an seiner Leistung gemessen wird; die Leistung muß ständig verbessert werden, und Fehler werden nicht geduldet. Jesus Christus sagt:»Ich möchte das nicht. Ich möchte nicht, daß mein Volk aus verängstigten Sklaven besteht. Ich möchte nicht, daß sie glauben, ich würde sie deswegen lieben, weil sie etwas für mich tun. Ich möchte, daß sie wissen, daß ich sie so liebe, wie sie sind – angenommene Söhne und Töchter Gottes, meine Geschwister. Und ich möchte nicht, daß sie Angst davor haben – aus welchem Grund auch immer –, ausgestoßen zu werden; ich möchte, daß sie wissen, daß sie für immer zu meiner Familie gehören.«

Unser Adoptivvater

Vor einigen Jahren haben Lynne und ich einen achtjährigen Jungen und ein dreijähriges Mädchen bei uns aufgenommen, die beide aus einem geschiedenen Elternhaus stammten, in dem getrunken worden war und die Kinder von einem Heim ins andere kamen. Sie lebten mehrere Monate bei uns, und wir hatten sie ins Herz geschlossen. Ich hatte dem Jungen ein Modellauto gekauft, und er hatte Spaß daran, es zusammenzubauen. Er hatte zwei Wochen daran gearbeitet und war gerade dabei, ihm den letzten Schliff zu geben, als ich ihm sagen mußte, daß ihn die Behörden am darauffolgenden Tag in ein anderes Zuhause bringen würden. Tränen traten ihm in die Augen, und dann wurde er zornig. Er schlug mit seiner kleinen Faust mitten auf das Modellauto, das in tausend Teile zerstieb. »Ich komme mir wie ein Fußball vor«, sagte er.

Alle Menschen sehnen sich nach einem dauerhaften Familienleben, aber die meisten von uns müssen früh feststellen, daß man dies in einer irdischen Familie nicht finden kann. Ein Elternteil stirbt. Ein Paar läßt sich scheiden. Die Großeltern ziehen weit weg. Unsere Familien können unsere Sehnsucht nach einem Zuhause und einer Familie, die Bestand hat, nicht stillen. Jesus Christus erkennt diese Not und begegnet ihr, indem er uns in seine Familie aufnimmt. Er gibt uns seinen Namen: wir werden Christen genannt. Er gibt uns sein Erbe: ewiges Leben.

Ich kenne Ehepaare, deren Herz voller Liebe ist und die sich danach sehnen, diese Liebe einem Kind zu geben, aber sie können keine Kinder bekommen. Wenn diese Ehepaare Kinder finden, die sie adoptieren können, sind sie vollkommen begeistert. Sie warnen die Kinder nicht, indem sie sagen, daß es das Beste wäre, sie würden ihren Erwartungen entsprechen, wenn sie bei ihnen bleiben wollten. Sie sagen nicht, daß drei Fehler nur erlaubt sind, bevor sie die Kinder zurück zur Agentur schicken werden. Sie empfangen sie mit ausgestreckten Armen und freudigem Herzen, weil sie sie lieben, und sie nehmen sie für immer bei sich auf, geben ihnen ihren Familiennamen und machen sie zu rechtmäßigen Erben. Genau dasselbe passiert, wenn Gott uns in seine Familie aufnimmt.

Wie ein Ehepaar, das sich entschlossen hat, ein Kind zu bekommen oder zu adoptieren und schon lange vor der Geburt geplant hat, so hat Gott, schon lange bevor wir erkennen, daß wir ihn brauchen, alles vorbereitet, um uns in seine Familie aufzunehmen. Wie Paulus im Brief an die Epheser Kapitel 1, Verse 4-5 sagt:

»Denn in ihm hat er uns erwählt vor der Erschaffung der Welt, damit wir heilig und untadelig leben vor Gott; er hat uns aus Liebe im voraus dazu bestimmt, seine Söhne zu werden durch Jesus Christus …«

Gott sagt uns: »Mein Herz ist so erfüllt mit Liebe, daß ich dich aufnehmen und zu einem festen Bestandteil meiner Familie machen möchte. Jeder – gleich welcher Rasse, Hautfarbe, Religion, Abstammung oder welchen Temperaments – ist in meiner Adoptivfamilie willkommen.« Wenn wir ehrlich sagen: »Jesus Christus, ich möchte ein Familienmitglied sein«, ist die »Transaktion« perfekt, und unsere Adoption wird rechtskräftig und dauerhaft. Von da an leben wir nicht mehr im Geist der Sklaverei. Wir sind Söhne und Töchter Gottes.

Vertrauen in den Geist Gottes

In der Gesellschaft von heute haben Dokumente Hochkonjunktur. Wenn man heiratet, bekommt man eine Heiratsurkunde. Wenn man ein Haus kauft, bekommt man eine Eigentumsurkunde. Wenn man ein Auto kauft, bekommt man eine Zulassungsbescheinigung. In einer Transaktion, die so bedeutsam ist wie unsere Adoption in Gottes Familie, ist ein Beweis, daß sie stattgefunden hat, wichtig. Der Beweis, den Gott uns gegeben hat, ist wichtiger und verbindlicher als irgendein Stück Papier – es ist die tägliche und stündliche Erklärung des Heiligen Geistes an uns, daß wir zu Gott gehören.

Gott möchte nicht, daß wir uns darüber Gedanken machen, wie wir zu ihm stehen. Deshalb »… bezeugt der Geist selber unserem Geist, daß wir Kinder Gottes sind« (Röm 8,16). Das inwendig vorhandene Zeugnis des Geistes ist ein Geheimnis. Ich kann es nicht erklären oder beschreiben, aber ich kann bezeugen, daß es wahr ist. Wenn Menschen zu mir sagen: »Ich weiß nicht, ob ich Christ bin oder nicht. Ich glaube, es könnte sein. Ich hoffe, daß ich einer bin«, werde ich unruhig, denn in der Bibel steht eindeutig, daß, wenn man sein Herz Jesus Christus gibt, der Heilige Geist Realität wird und man erkennt, daß man zu ihm gehört (vgl. 2 Kor 1,22;

Eph 1,13-14; 1 Joh 3,24; 1 Joh 4,13). Der Heilige Geist lebt in uns und flüstert uns fortwährend zu: »Hab Vertrauen – du bist Teil der Familie Gottes.«

Die Bezeugungen des Heiligen Geistes zeigen uns, wie Jesus uns liebt – nicht als Nummern für die himmlischen Statistiken, nicht als Stimmen für den riesigen himmlischen Chor, sondern als Individuen, als bedeutungsvolle menschliche Wesen. Er möchte nicht, daß wir ängstlich oder furchtsam sind oder unter der ständigen Bedrohung der Verdammnis leben. Er möchte, daß wir uns des Geschenkes bewußt sind, das er uns gegeben hat, und uns seiner Liebe sicher sind. Er liebt uns wie ein Bruder, weil er genau das ist – ein Bruder.

Miterben Christi

Manche Leute denken, daß die Vaterschaft Gottes und unsere Aufnahme in seine Familie ein schöner Vergleich und ein von Gott gegebenes sprachliches Mittel sei, das uns helfen soll, die Dimension von Gottes Liebe für uns zu verstehen. Das ist richtig, aber es geht nicht weit genug. Gott hat uns buchstäblich in seine Familie aufgenommen: der Beweis besteht darin, daß er uns an seinem Vermögen beteiligt.

> »Sind wir aber Kinder«, sagt Paulus, »dann auch Erben; wir sind Erben Gottes und sind Miterben Christi ...« (Röm 8,17).

Zusammen mit Christus, Gottes geliebtem Sohn, werden wir einen Teil des Erbes erhalten!

Paulus fügt jedoch hinzu:

> »... wenn wir mit ihm leiden, um mit ihm auch verherrlicht zu werden« (Röm 8,17).

Als Jesus um unsretwillen auf die Erde kam, wurde ihm keinerlei Ehre zuteil. Erst bevor er an das Kreuz genagelt wurde, widerfuhr ihm das erste und einzige Mal Ehre. Die Menge jubelte ihm zu, aber nur, weil sie glaubte, er würde die römische Herrschaft stürzen.

Jeder in Jerusalem wußte, daß er gleich einem gewöhnlichen Verbrecher gestorben war; nur wenige wußten, daß er von den Toten auferstanden und in den Himmel aufgefahren war. Dieser Jesus, der uns einlädt, uns als seine Geschwister der Familie Gottes anzuschließen, ruft uns auch, ihm in Dunkelheit und Leid zu folgen: »... wer mein Jünger sein will«, sagte Jesus, »der verleugne sich selbst, nehme sein Kreuz auf sich und folge mir nach« (Mt 16,24).
Jesu Bruder oder Schwester zu sein bedeutet, alles mit ihm zu teilen. Es bedeutet, sich ihm sowohl im Gehorsam und Leid als auch in seiner Ehre anzuschließen. »Denn wer den Willen meines himmlischen Vaters erfüllt, der ist für mich Bruder und Schwester und Mutter«, sagte Jesus (Mt 12,50), und dies leuchtete seinen Zuhörern im ersten Jahrhundert ein, die wußten, daß man sich nicht der Autorität des Familienoberhauptes widersetzen und sich zugleich noch als Teil der Familie verstehen konnte.

Charakter gesucht

Was erfordert es, den Willen des Vaters zu tun? Es erfordert *Mut*, sich einer Familie anzuschließen, die von der Welt mißverstanden wird. Es erfordert *Disziplin*, die Aufgaben, die Gott seinen Kindern gegeben hat, zu erfüllen. Es erfordert *weitsichtiges Verhalten*, die unvermeidlichen Probleme zu bewältigen und zu erkennen, was Gott im Leben seiner Kinder bewirkt. Es erfordert *Ausdauer*, zu den Geschwistern zu halten, wenn es viel einfacher wäre, seine eigenen Wege zu gehen. Außerdem erfordert es *Liebe*, Gottes Familie zusammenzuhalten und andere dazu einzuladen, sich ihr anzuschließen – einfühlsame, hartnäckige, aufopfernde und radikale Liebe.
Mit einem Wort – es erfordert Charakter, Gottes Willen zu tun – und, welch Wunder, es ist der Charakter Christi, den Gott uns anbietet, wenn wir schüchtern sagen, daß wir gerne ein Mitglied seiner Familie sein möchten. Paulus schreibt, daß Gott alle, die er dazu bestimmt hat, Mitglieder seiner Familie zu sein, »... auch im voraus dazu bestimmt (hat), an Wesen und Gestalt seines Sohnes teilzuhaben ...« (Röm 8,29) – er gibt ihnen Charaktereigenschaften, die denen des älteren Bruders, Jesus, gleich sind.

Er tut dies durch das Wirken des Heiligen Geistes, seinem Vermittler, in unserem Herzen.

> »Wir alle spiegeln ... die Herrlichkeit des Herrn wider und werden so in sein eigenes Bild verwandelt, von Herrlichkeit zu Herrlichkeit, durch den Geist des Herrn« (2 Kor 3,18).

Der Geist legt Jesu Charakterzüge in unser Herz: »... Liebe, Freude, Friede, Langmut, Freundlichkeit, Güte, Treue, Sanftmut und Selbstbeherrschung ...« (Gal 5,22-23).

Nachdem er uns aufgenommen und Jesus ähnlich gemacht hat, lädt uns Gott dazu ein, sein Erbe in Anspruch zu nehmen – dieselbe Herrlichkeit, die Jesus Christus nach seiner Auferstehung in Anspruch nahm. Jesus ist darauf erpicht, sein Erbe mit uns zu teilen, denn er sagte zu seinen Jüngern: »Und ich habe ihnen die Herrlichkeit gegeben, die du mir gegeben hast ...« (Joh 17,22). Er möchte die Ehre nicht für sich alleine haben. Sondern: »Wenn Christus, unser Leben, offenbar wird, dann werdet auch ihr mit ihm offenbar werden in Herrlichkeit« (Kol 3,4). Wenn Jesus Christus sich in Herrlichkeit der ganzen Welt offenbart, wird er dafür sorgen, daß wir – seine Brüder und Schwestern – ewig an seiner Herrlichkeit teilhaben.

Je mehr ich Jesus Christus kennenlerne, desto mehr liebe ich ihn. Ich erkenne, daß er all meiner Anbetung, Verehrung und all meines Lobpreises wert ist; er ist es wert, daß ich ihm mein Leben lang diene. Er ist ein Gebender, kein Dieb; er ist ein Besitzer, kein Arbeitnehmer; er ist ein Vater, kein Arbeitgeber. Er möchte mich zu einem Teil seiner Familie machen und mir die Charaktereigenschaften geben, die ich brauche, um gehorsam, erfolgreich und glücklich zu leben – jetzt und für immer. Er möchte eine persönliche Beziehung zu mir haben, die ewig währt, weil sein Herz vor Liebe zu mir überfließt.

Wenn Sie diese Seite an Jesus Christus noch nicht kennen, sehnt sich Gott danach, sie Ihnen zu offenbaren. Er möchte Sie in seine Familie aufnehmen. Alles, was Sie tun müssen, besagt der Satz: »Herr, ich bin ein Sünder, der es nicht verdient, in deine Familie aufgenommen zu werden. Aber weil dein vollkommener

Sohn für mich gestorben ist, komme ich für eine Adoption in Frage. Ich möchte Teil deiner Familie sein. Danke, daß du mich aufnimmst.«

Wenn Sie das tun, wird Gott Sie sofort in seine Familie aufnehmen. Er wird nicht sagen:»Warte noch ein paar Jahre, bis dein Charakter dem meines Sohnes ähnlicher ist«, weil er weiß, daß man Charaktereigenschaften am besten innerhalb der Familie entwickelt und nicht außerhalb. Er wird Sie so annehmen, wie Sie sind; und mit unendlicher Liebe, Geduld und Sanftmut wird er beginnen, Sie zu formen. Er wird Ihnen den Heiligen Geist als lebendige Bezeugung Ihrer Adoption geben, und Sie werden erkennen, daß Ihr Status als Kind Gottes rechtmäßig, dauerhaft und verbindlich ist.

Viele säkulare Denker wissen, daß die Entwicklung des Charakters eine der wichtigsten Aufgaben ist, die sich dieser Generation stellt. Ohne sie sind unsere Nation, unsere Familie und Millionen Einzelpersonen in ernster Gefahr; mit ihr sind Stärke und Erfolg durchaus noch möglich. Charakterschulung ist jedoch eine schwierige, sogar bittere Aufgabe, wenn sie mit nicht mehr als der reinen Willenskraft und zusammengebissenen Zähnen unternommen wird.

Es ist leichter, Charakterstärke zu erfahren, als in ihr unterwiesen zu werden. Wie junge Pflanzen, die sich am besten in einer warmen, nahrhaften Umgebung entwickeln. Und das ist genau das, was Gott uns anbietet: das denkbar beste Beispiel eines guten Charakters, Jesus Christus; und die denkbar beste Schule für die Entwicklung eines starken Charakters, die Gemeinschaft mit seiner eigenen Familie. Es ist nicht zu früh, noch heute diesen ersten kleinen mutigen Schritt zu machen und zu sagen:»Ja, himmlischer Vater, ich möchte Jesus ähnlich sein. Bitte nimm mich in deine Familie auf und liebe mich, damit ich dein Ebenbild werde.«